谨以此书献给为实现新疆工作总目标努力奋斗的人们!

XINJIANG LIANPIAN TEKUN DIQU SHAOSHU
MINZU PINKUN NONGHU ZIWO
FAZHAN NENGLI TISHENG YANJIU

新疆连片特困地区少数民族贫困农户自我发展能力提升研究

刘 林 著

中国财经出版传媒集团
经济科学出版社
Economic Science Press

图书在版编目（CIP）数据

新疆连片特困地区少数民族贫困农户自我发展能力提升研究/刘林著.—北京：经济科学出版社，2018.4
ISBN 978-7-5141-9226-1

Ⅰ.①新… Ⅱ.①刘… Ⅲ.①贫困区-扶贫-研究-新疆 Ⅳ.①F127.45

中国版本图书馆 CIP 数据核字（2018）第 078232 号

责任编辑：刘　莎
责任校对：靳玉环
责任印制：邱　天

新疆连片特困地区少数民族贫困农户自我发展能力提升研究

刘　林　著

经济科学出版社出版、发行　新华书店经销
社址：北京市海淀区阜成路甲28号　邮编：100142
总编部电话：010-88191217　发行部电话：010-88191522
网址：www.esp.com.cn
电子邮箱：esp@esp.com.cn
天猫网店：经济科学出版社旗舰店
网址：http://jjkxcbs.tmall.com
固安华明印业有限公司印装
710×1000　16开　12印张　200000字
2018年4月第1版　2018年4月第1次印刷
ISBN 978-7-5141-9226-1　定价：46.00元
（图书出现印装问题，本社负责调换。电话：010-88191510）
（版权所有　侵权必究　举报电话：010-88191586
电子邮箱：dbts@esp.com.cn）

前　　言

　　2020年我国将要全面建成小康社会，贫困问题是必须要逾越的障碍。改革开放以来，随着我国扶贫工作不断深入，从较早的《八七扶贫攻坚计划》《中国农村扶贫开发纲要（2001～2010年）》到目前的《中国农村扶贫开发纲要（2011～2020年）》，中国的贫困问题得到了很好解决，也成为世界应对贫困问题成果最显著的国家之一。很多国家政府、学者和各界人士都来中国"取经问道"，学习中国在反贫困中的好经验、好做法。但是，新时期中国仍呈现出集中连片的贫困格局，目前国家已经划定了14个连片特殊困难地区，大多集中在偏远落后的山区、边境等地，连片特困区亦成为未来十年国家扶贫攻坚的主战场。面对扶贫工作进入攻坚期、深水区和"最后一公里"，检验扶贫效果最重要的一个标准就是贫困农户自我发展能力是否得到了有效的提升，这也是确保可持续性减贫最重要的途径之一。基于此，本书以新疆连片特困区（南疆三地州）为研究对象，围绕新疆连片特困区少数民族农户自我发展能力提升和可持续性减贫这一主题展开研究，对新时期我国的扶贫开发工作提供理论支撑和借鉴。

　　首先，本书对自我发展能力进行概念界定，对自我发展

新疆连片特困地区少数民族贫困农户自我发展能力提升研究

能力的相关理论进行总结论述，对自我发展能力的相关研究成果系统研究，指出自我发展能力是一个具有中国特色的名词。其次，从经济、自然资源和社会三方面对新疆连片特困区发展基本情况进行概述，并进一步从民族性、生态脆弱性、封闭性、边境性和贫困性五个方面分析了新疆连片特困区的特殊性，以及提升新疆连片特困区自我发展能力所面临的机遇与挑战。再其次，采用 AF 法对新疆连片特困区少数民族农户自我发展能力进行测量，并研究该区域少数民族农户自我发展能力的动态变化及空间差异。最后，从该区域农户自身禀赋出发，研究人力资本、物质资本和社会资本在提升农户自我发展能力方面的作用，以及对可持续性减贫的贡献，并进一步探讨了基础设施可获得性和社会治安状况等环境因素对农户自我发展能力的影响。在此基础上，根据前面的研究结论，分别从微观、中观和宏观层面针对性地提出新疆连片特困区自我发展能力提升的对策建议。

本课题得到以下主要结论。

第一，少数民族自我发展能力得到了较为明显的改善，能力贫困指数由 2011 年的 0.145 减小为 2012 年的 0.044，能力贫困户减少了 263 户，减少了 70.5%，能力重度贫困家庭（被剥夺水平不低于 50%）由 109 户减小为 47 户，下降了 56.9%，而 80% 被剥夺水平及以上的能力贫困家庭则没有出现，意味着多维重度贫困问题同样得到了较好的缓解。

第二，收入贫困仍然是最关键的指标变量，其对能力贫困的贡献最大，贡献率达到了 50% 左右，也就意味着解决能力贫困问题的关键还是要首先聚焦到提高农户收入水平上。其次教育和疾病问题也较为突出，对能力贫困的贡献率达到

10%左右，成为缓解少数民族农户能力贫困的重要方面。

第三，从动态变化来看，疾病和收入问题下降程度比较明显，降低了14%，收入也下降将近7%，但是同时出现了住房、饮水、教育和就医贡献率较大幅度上升的情况，其他指标的贡献率变动不大。

第四，从能力贫困发生率和能力贫困指数空间差异与动态变化情况来看，首先是克州地区能力贫困问题最为严重，其次为和田地区和喀什地区；各地州能力贫困程度均呈现较快的下降趋势，其中，克州地区下降速度最快，和田地区和喀什地区的能力贫困问题也得到了不同程度的缓解。

第五，人力资本中农户家庭每增加一人受过初中以上文化教育，能力贫困发生的概率比就会降低30%；教育费用每增加1 000元支出，能力贫困发生的概率比降低26.8%；家庭中每多一人参加农业技术培训，该户陷入能力贫困的概率比降低10.2%；会汉语人数这个变量虽然没有通过显著性检验，但从系数符号来看少数民族家庭中会汉语人数的增加应该对能力贫困会产生负影响。

物质资本中年末生产性固定资产原值每增加1万元，农户能力贫困发生的概率比就降低12.7%；人均耕地每增加1亩，农户陷入能力贫困的概率比就会下降11%；而农业产量增加则会使能力贫困概率比下降28%。

社会资本中农户家庭中每多一人参加专业性合作经济组织就可使该农户沦为能力贫困的概率比下降64.8%；而该农户家庭中有成员为乡村干部则可使能力贫困发生的概率比下降55.7%；家庭人口的增加却可使农户成为能力贫困户的概率比增加33.6%。

持久性能力贫困面板排序模型回归结果显示，农户家庭成员受教育水平的提高、健康状况的改善以及农业产出水平的增加均对持久性贫困具有负影响，可以有效降低能力贫困发生的概率比，而家庭人口增多却对摆脱持久性能力贫困带来不利影响。

第六，基础设施对能力贫困的影响进行考察。研究显示生态基础设施具有降低能力贫困的作用，而且对降低能力贫困的贡献率呈现倒"U"型。卫生基础设施对降低农户的能力贫困贡献率最大，但是其贡献率会随着贫困程度的加深而逐渐减小。交通基础设施没有达到降低能力贫困的预期。从不同区域来看，基础设施对城市居民降低能力贫困的贡献率大于农村。从不同收入组来看，生态基础设施对降低低收入组能力贫困的贡献率最大，对高收入组的贡献率次之，对中等收入组的贡献率最小；交通基础设施对降低高收入组能力贫困的贡献率最大，对中等收入组的贡献率次之，对低收入组的贡献率最小；卫生基础设施对降低低收入组能力贫困的贡献率最大，对中等收入组次之，对高收入组贡献率最小。

第七，考察了社会治安对能力贫困的影响。研究结果显示：教育维度对能力贫困指数的贡献率最大，为44.8%，是当前引发能力贫困的最主要因素；社会治安和能力贫困呈正向变动关系，且随着剥夺水平的提高，社会治安对能力贫困的影响呈现倒"U"型的变动趋势，在40%的剥夺水平下，社会治安对能力贫困农户的减贫效果最大，贡献率达到8.9%，而对低剥夺水平和高剥夺水平下的能力贫困农户减贫的作用有限；随着农户离县城距离由近及远，社会治安对能力贫困的影响也呈现倒"U"型变化；社会治安对高收入

前　言

农户降低能力贫困的效果最大、显著性最强,对中低收入农户降低能力贫困的作用比较弱。

本研究在结合已有研究成果的基础上,对新疆连片特困区少数民族农户能力贫困进行测算,来反映其自我发展能力状况,并通过影响因素的研究得到可持续性减贫的目标,具有一定的创新性。但由于数据的可得性问题和研究者的自身能力水平,本研究还有许多地方不够完善,需要进一步加强研究。在此感谢在研究中启发和帮助我的专家、学者!

目　　录

第1章　导论 ·· 1

　1.1　研究背景及意义 ··· 1
　　　1.1.1　研究背景 ··· 1
　　　1.1.2　研究意义 ··· 3
　1.2　国内外研究现状 ··· 5
　　　1.2.1　国外研究现状 ·· 5
　　　1.2.2　国内研究现状 ·· 8
　　　1.2.3　文献评述 ·· 19
　1.3　研究内容与方法 ·· 19
　　　1.3.1　研究内容 ·· 19
　　　1.3.2　研究方法 ·· 21
　1.4　可能的创新 ··· 21

第2章　概念界定与理论基础 ·· 23

　2.1　概念界定 ·· 23
　　　2.1.1　连片特困区 ··· 23
　　　2.1.2　新疆连片特困区 ·· 24
　　　2.1.3　区域自我发展能力 ·· 24
　　　2.1.4　能力贫困与农户自我发展能力 ································· 26

2.2 理论基础 ·· 27
　　2.2.1 反贫困理论 ··· 27
　　2.2.2 区域经济学理论 ····································· 35
　　2.2.3 能力理论 ··· 40

第3章 新疆连片特困区特殊性分析 ···························· 44

3.1 新疆连片特困区基本发展情况 ······························· 44
　　3.1.1 经济发展方面 ······································· 45
　　3.1.2 自然资源方面 ······································· 46
　　3.1.3 社会发展方面 ······································· 47
3.2 新疆连片特困区的特殊性分析 ······························· 49
　　3.2.1 民族性 ··· 49
　　3.2.2 生态脆弱性 ··· 50
　　3.2.3 封闭性 ··· 50
　　3.2.4 边境性 ··· 51
　　3.2.5 贫困性 ··· 51
3.3 新疆连片特困区面临的机遇与挑战 ··························· 52
　　3.3.1 新疆连片特困区面临的机遇 ··························· 52
　　3.3.2 新疆连片特困区面临的挑战 ··························· 54
3.4 本章小结 ·· 56

第4章 新疆连片特困区少数民族农户自我发展能力测评与分析 ·· 57

4.1 AF 测算方法 ··· 59
4.2 数据来源与处理 ·· 62
4.3 少数民族农户自我发展能力的动态变化与空间差异 ············· 63
　　4.3.1 农户自我发展能力测算体系 ··························· 63
　　4.3.2 农户自我发展能力测算结果 ··························· 65

4.3.3　农户自我发展能力空间差异与动态变化……… 67

第5章　新疆连片特困区少数民族农户自我发展能力
　　　　提升与可持续减贫……………………………… 69

　5.1　少数民族农户自我发展能力的微观基础：人力资本、
　　　　物质资本和社会资本……………………………… 70
　　　5.1.1　理论模型………………………………………… 70
　　　5.1.2　数据来源与处理………………………………… 73
　　　5.1.3　人力资本、物质资本和社会资本对农户自我
　　　　　　发展能力的影响………………………………… 74
　　　5.1.4　可持续性减贫…………………………………… 77
　5.2　少数民族农户自我发展能力的环境因素：基础设施
　　　　可获得性与社会治安改善………………………… 80
　　　5.2.1　基础设施可获得性与农户自我发展能力……… 80
　　　5.2.2　社会治安改善与农户自我发展能力…………… 98
　5.3　本章小结……………………………………………… 115

第6章　新疆连片特困区区域自我发展能力的进一步讨论……… 117
　6.1　新疆连片特困区县域间自我发展能力评价……… 117
　　　6.1.1　评价指标体系的构建…………………………… 117
　　　6.1.2　方法介绍………………………………………… 120
　　　6.1.3　评价测算………………………………………… 122
　6.2　新疆连片特困区自我发展能力的比较研究……… 138
　　　6.2.1　样本确定和数据来源…………………………… 138
　　　6.2.2　自我发展能力实证研究………………………… 139
　6.3　新疆连片特困区自我发展能力提升的制约因素分析…… 145
　　　6.3.1　农业发展不足…………………………………… 145
　　　6.3.2　市场化程度低…………………………………… 146

6.3.3 和田地区是片区发展短板 …………………………… 147
6.3.4 经济发展水平低 …………………………………… 148
6.3.5 有效需求不足 ……………………………………… 149
6.4 本章小结 ……………………………………………… 150

第7章 新疆连片特困区少数民族农户自我发展能力提升的对策建议 ………………………………………… 152

7.1 基于微观视角的自我发展能力提升对策建议 ………… 152
 7.1.1 以增加教育和技术培训投入为手段，提升人力资本积累，阻断贫困代际传递 ……………………… 152
 7.1.2 增加农户固定资产给予、耕地供给和农业产量，提高物质资本积累水平 ………………………… 154
 7.1.3 以专业性经济合作组织为纽带构建新型社会网络关系，提高社会资本的增收效益 ………………… 155
7.2 基于中观视角的自我发展能力提升对策建议 ………… 157
 7.2.1 大力发展现代农业，帮助农户增收 ……………… 157
 7.2.2 提高市场化程度，以交通促发展 ………………… 158
 7.2.3 加大和田地区发展力度 …………………………… 159
7.3 基于宏观视角的自我发展能力提升对策建议 ………… 160
 7.3.1 加大基础设施建设所需人财物的倾斜力度，夯实经济发展物质基础 …………………………… 160
 7.3.2 加大社会维稳力度，保障经济稳定发展 ………… 162
 7.3.3 培植优势产业，推动经济健康发展 ……………… 163

第8章 结论与展望 ……………………………………… 165

8.1 研究结论 ……………………………………………… 165
8.2 不足与展望 …………………………………………… 169

参考文献 ……………………………………………………… 170

第 1 章

导　　论

1.1　研究背景及意义

1.1.1　研究背景

中国的扶贫开发工作在过去20余年间取得了举世瞩目的成就，形成独具中国特色的扶贫开发道路。农村改革之初，中国扶贫政策主要由体制改革推动实施，以家庭联产承包为基础的双层经营体制使农村贫困问题得到极大缓解。20世纪80年代中期，国家针对扶贫开发工作设立专门机构，以县级为单位实行专项扶贫。1994年《八七扶贫攻坚计划》制订，扶贫格局具体为专项扶贫、行业扶贫、社会扶贫。21世纪初，国家颁布了《中国农村扶贫开发纲要（2001～2010年）》，扶贫模式进一步完善，产业扶贫、整村推进、雨露计划等专项扶贫政策日趋完善，贫困人口大幅下降，贫困地区各项基础设施建设日趋完善，公共服务水平显著提高。

但是，在肯定成绩的同时，也应该看到随着经济的发展，地区之间、城乡之间发展不平衡问题逐渐凸显，东西部发展差距日益增大。新时期，中国贫困格局亦呈现出新的特征。贫困人口在分布上呈现出大分散、小集中态势，其分布区域主要集中在边远山区、民族聚居区、革命老区和省际交界区等区域，空间格局上呈现出集中连片的特征，这些地区被称为集中连片特殊困难地区，简称连片特困区。在2011年国家颁布的《中国农村扶贫开发纲要（2011～2020年）》中，全国共划分了包括西藏、南疆三地州在内的14个连片特困区，其将作为我国未来十年扶贫攻坚的主战场，并提出了"两不愁、三保障"多维扶贫目标，即实现扶贫对象不愁吃、不愁穿，保障扶贫对象的义务教育、基本医疗和住房。力求到2020年贫困地区人均收入、基本公共服务达到全国平均水平，并且逐步缩小区域发展差距。党的十八大以来，国家更是将扶贫开发工作提高到了前所未有的新高度。习近平同志指出脱贫攻坚是全面建成小康社会的短板，也是"十三五"时期最艰巨的任务，相继提出"扶贫先扶志""扶贫必扶智""精准扶贫"等扶贫方略。

南疆三地州作为我国14个连片特困区之一，包括克孜勒苏柯尔克孜自治州、喀什地区、和田地区，辖24个县（市），地处塔克拉玛干沙漠西南端，与印度、巴基斯坦、阿富汗、塔吉克斯坦、吉尔吉斯斯坦五国接壤，是与中亚连接的重要通道。与其他连片特困区相比，新疆贫困问题更加复杂，其特征概括起来有以下几点：一是少数民族贫困人口比重高；二是特困人口众多；三是贫困区域面积大；四是地处我国西北边境线；五是多民族、多文化、多语言、多宗教共存；六是兼有山区、荒漠、寒地、戈壁等地理环境；七是能力贫困问题突出；八是"三股势力"活跃区。因此，改善新疆连片特困区的贫困面貌是实现新疆社会稳定和长治久安总目标的必然要求。

近年来，随着新疆自身后发优势的显现，以及对口援疆等工作的稳步推进，在内外合力下为新疆发展注入大量资金和新鲜血液，新疆的发展迎来了前所未有的好时机。但是，对贫困地区的少数民族农户而言，地区的发展效应还未充分在他们身上得到体现，甚至起到了相反的效果。贫困农户"越扶越贫"的现象较为普遍，由"输血式"发展向"造血式"发展的转变没有带来预期的效果。由此可见，少数民族贫困农户的自我发展能力还远未形成，仍然是阻碍贫困地区和贫困人口脱贫效果的最大顽疾。新疆"十三五"规划中指出，南疆三地州的发展应以"增强南疆三地州自我发展能力为目标"。第二次中央新疆工作座谈会也提到，"对南疆发展，需从国家层面进行顶层设计，实施特殊政策，打破常规，特事特办"，在发展问题上"应该增强地方自我发展能力，更好地造福地方各族人民"。可见，自我发展能力的培育与提升对一个地区长远、可持续发展至关重要，只有充分发挥区域内发展活力，提高其自我发展能力，合理利用区域内各项资源将其转变为经济效益，才能从根本上改变当地落后的贫困面貌。以往对这个问题的研究大多集中在宏观区域层面展开，笔者试图将研究视角下移，关注微观层面少数民族贫困农户自我发展能力问题，与前人研究相互补充。

1.1.2 研究意义

新疆连片特困地区是指南疆三地州，包括和田地区、喀什地区和克孜勒苏柯尔克孜自治州，辖24个县（市），其中19是个国家扶贫开发重点县（市），具有以下特征：民族性，少数民族人口比重96.85%；特困性，特困人口占全区的85.15%；广阔性，所辖区域49.17万平方公里；边境性，8个国家级边境贫困县；复杂性，多民族、多文化、多语言、多宗教共存；困难性，自然环境极端恶劣、经济基础十分薄弱、劳动力素质亟待提高等；安全性，民族分裂活动策源地，关乎国家安全。可见，本书应具有以下研究价值和意义：

1. 理论意义

第一，本书以新疆连片特困地区为研究对象，从微观视角研究少数民族贫困农户自我发展能力的培育与提升，与以往研究相互补充，将丰富和发展我国的特殊类型贫困地区少数民族扶贫开发理论。

第二，提升新疆连片特困地区少数民族贫困农户自我发展能力，符合党的十八大关于改善民生的重大战略决策，响应了《中国农村扶贫开发纲要（2011～2020年）》关于"更加注重增强扶贫对象自我发展能力"的指导思想，是"以人为本、执政为民"的重要体现。

2. 现实意义

第一，有利于促进南北疆区域协调发展。"北强南弱"是新疆发展中的客观现实，缩小区域发展差距，关键是要解决南疆地区的贫困问题，而贫困问题解决的关键是要提升少数民族农户自我发展能力，也就是说，南疆地区少数民族农户自我发展能力的提升是解决区域协调发展的关键中的关键。

第二，提升新疆连片特困地区少数民族贫困农户自我发展能力，是新疆连片特困地区脱贫致富的根本出路，也是防止单纯的经济发展问题（收入差距、区域发展不平衡等）演变成社会问题（民族差距、民族分裂）的重大举措。

第三，有利于维护新疆社会稳定和长治久安。新疆连片特困区地处我国西北边陲，与五国接壤，是我国极其重要的边防屏障，更是联通我国与中亚的重要通道。片区少数民族众多，贫困程度深、区域发展不平衡会引发社会不安定因素，从而为我国边疆稳定埋下安全隐患。通过对该区域少数民族农户自我发展能力提升进行研究，探索其自我发展能力提升之路，从而促使片区经济更好发展，人民生活水平显著提升，对于减少社会不安定因素、维护社会稳定和国家长治久安具有重要意义。

第四，有利于全面建成小康社会目标的实现。2020年是我国党中央确定的全国同步迈入小康社会的最后期限。作为我国14个连片特困区中贫困问题最为复杂的地区，其区域内少数民族农户能否通过提升自我发展能力成功脱贫将事关全国大局。

1.2 国内外研究现状

1.2.1 国外研究现状

国外关于能力的代表性认识最早可以追溯到亚当·斯密（1776），他认为经济增长的源泉在于分工，分工是提高生产率的关键，分工还会使人与人之间的才能差异变得有用，而且这种有用性远比天赋差异重要。斯密已经注意到了由于分工使得人们原本有差异的才能可以得到应有发挥的作用，分工带来的熟练性从而工作经验的积累，都可以促进人的后天能力发展。而教育则在强化和深化人们后天才能的差异时有着不可替代的作用，会给每个人带来特有的技能。但他只是从劳动分工方面加以分析，分工可以提高劳动效率，增强个人创造财富的能力。之后，又有一些古典经济学家着重研究了分工与专业化问题。李嘉图（D. Ricardo, 1817）采用不同的方法来研究专业化与分工，他强调外生比较优势与分工的关系。雷（Rae, 1834）、黑格尔（Hegel, 1821）、查尔斯·巴比奇（Charles Babbage, 1835）、卡尔·马克思（Karl Marx, 1867）和阿马萨·沃克（Amasa Wallker, 1874）等都从不同的角度论述了专业化和分工的好处及其代价。

新古典经济学家马歇尔（Alfred Marshall, 1890）则区分了一般能力和专门能力，前者大多取决于幼年和少年时期所处的环境，最早和最有力的影响就是母亲，专门能力却已经变得越来越不重要，因为培养专门能力的技术教育有时不仅不能发展才能，反而会有点妨碍才能的发展。学校的优良教育除了应被看作目的的教育本身外，作为生产物质财富的一个重要手段，其更重要的是能给予将来取得进步的能力,这种能力的重要性不会低于物质财富的生产所可能促成的任何事情。因为在马歇尔看来,"……仅仅将教育当作是一种投资,使大多数人拥有比通常能利用的大得多的机会,也会很有利……"而且"……正确使用一个家庭的收入和家庭所拥有的机会的那种能力本身就是一种最高级的财富,是各阶层中极其罕见的一种财富"。在对能力有着独到见解的基础上,马歇尔指出,适应需求的能力发展才是制约经济进步的根源所在。

舒尔茨(Theodore W. Schultz)在1979年所做的诺贝尔演讲中指出,未来经济生产率及其对人的福利贡献的关键所在是人的后天能力的提高和实用知识的进步,即高水平的人口质量才是改善福利状况的决定性生产要素,而非空间、能源及耕地。人口质量是由各种形式的人力资本组成的,主要体现在知识、技能、资历、经验以及熟练程度等人的能力和素质上。进行人力资本投资,能够改进人口质量,还有助于提高劳动生产率和企业家能力。但舒尔茨的人力资本理论也只是将人的能力视为一种如同物质资本一样的对经济增长起着生产性作用的生产要素,趋于注意在扩大生产可能性方面的人类主体作用,无法体现人作为发展的主体作用,人力资本仍然只被视为促进发展的一种手段。

但关于发展能力的研究最早是由阿玛蒂亚·森在其"能力发展论"中提出的,他认为,能力是人们各种功能性活动的组合,以个人收入或者资源占有量来衡量贫富的传统标准已经过时,衡量贫富程度时应将能力参数考虑进去。能力作为一种功能性向量能够使人们自由选择所想要的生活方式。因此,以自由为出发点,森认为能力评价体系应该由"功能性活动""可行能力"和"自由"三个系统组成。其中,"功能性活动"是指个体认为有意义去做或是所达到的一种多样化状态,包括吃喝住行、社交、运动等。"可行能力"是指一个人在能力范围内所能够实现的多种功能性活动的组合,如生活、受教育等。自由是发展的目的,自由促进发展,能力也是衡量其发展水平的重要组成部分，发展应该包括寿命的延长，教育、医疗水平因此"自由"是在各种功能型活动中按照自己的意愿将可行能力组合的机会。森认为，自由在发展的过程中具有两方面的重要作用，一是构建作用，即自由是个体生活质量的组成部分，更是人类发展的首要目的；二是工具作用，自由在促进人类可行能力的过程中带动发展。森认为一个国家或地区的发展不能仅看经济总量的增长，人类自由和的提高，人的素质和文化的提升等。可以看出，森主要将能力看作是社会提供的，是个人发展的必要条件，将可行能力看作是发展所需要的权利。谬尔鲍尔（Muellbauer, 1991）和德热兹（Jean Dreze, 1995）在继承森的观点的基础上，对其能力评价体系进行了更为深刻的研究，并完善相关能力框架。普里奥（Pugno, 2016）将森的能力方法和西托夫斯基的内生能力理论相结合构建了评估人类功能性活动和能力的综合动态方法，结果表明该方法能预测有害的功能性活动，而且消除了森在评估功能性活动和能力方面的问题，并再次评估儿童福利，重新定义了森的能力、中介和幸福。莫和郑（Mok & Jeong, 2016）对森的能力方法在教育对道德发展的解释方面提出质疑，他们认为基于森的能力理论，教育的固有价值需要重新划分，教育的非经济功能可以被发展内容所解释。哈森（Hasan, 2017）基于森的能力方法理论，提出了另一种评估能力的主观方法。

联合国开发计划署（UNDP）1996年公布的《人类发展报告》中指出，当今社会贫困是多维度的，收入低只是贫困众多维度中的一维，而能力缺失是导致贫困的主要原因。报告认为，能力主要包含三方面，即个体基本生存能力、健康生育能力和接受教育并获得知识的能力。报告中特别指出，对发展中国家来说，能力贫困是比物质贫困更广泛更严重的问题。

芝加哥大学经济学系教授詹姆斯·赫克曼（2012）在森关于"能力"的概念框架基础上进行了拓展，从全生命周期的角度对能力的形成予以现代意义的理解。赫克曼认为能力就是经济和社会生活中各方面的行动能力，并且前者会决定后者，而人生许多方面的成功主要取决于一组核心能力的发展，从这个角度来看，能力差异尤其是核心能力的差异是造成社会不平等的主要原因。赫克曼将能力区分为认知能力（用考试成绩衡量的能力）和非认知能力（主要是一些社会情感能力，如自我管制、自尊、表达感激的能力等），并指出非认知能力比认知能力的影响更大。同时还要注意，各种能力发展的最有效投资期是不同的，"敏感期"是投入产出效率最高的时期，"关键期"就是能力形成的重要时期。前一阶段的能力将促进下一阶段能力的发展，"能力创造能力"，能力形成是一个动态的联动过程，动态互补是"能力"的核心概念，即能力越强，对能力发展的投资回报率越高。因此，赫克曼特别强调了有质量的家庭生活在促进能力形成甚至是传统理论所推崇的学校教育中的基础性、核心性作用。这也解释了为什么预防性、赋权性措施的成效高于补救性措施。

汉思·P·宾斯万格尔（Hans P. Binswanger）认为贫困地区的贫穷是由当地政策和制度造成的，这些政策和制度降低了农业利润和农民发展能力，对穷人和妇女的影响尤为显著。他提出低收入国家农民发展能力的制度环境特征主要是农村发展的制度环境（包括部门机构、地方政府、民间组织、私人部门）和决定农业投资利润的各种因素。虽然随着经济社会的发展，部分贫困地区的制度环境有所改善，但大多地方的政府制度环境与国际相比仍十分恶劣。

1.2.2 国内研究现状

国内关于自我发展能力的研究起步较晚，但成果较多。虽未就自我发展能力形成系统的理论体系，但在研究过程中基本遵循企业自生能力、区域自我发展能力和国家能力的研究思路，对微观层面个人自我发展能力的研究相对较少，针对少数民族农户自我发展能力的研究更是少之又少。

第1章 导　论

1. 关于企业自生能力的研究

国内关于企业自生能力的研究始于林毅夫（1999）的"自生能力理论"，他认为自生能力是指一个正常运营的企业所能获得预期利润的能力。市场经济条件下，一个正常运营的企业，在没有外部扶持的条件下如果能够获得等于或者高于社会所能够接受的正常利润，那么证明这个企业是具有自生能力的，反之则没有自生能力。因此，自生能力是企业发展中至关重要的一环。国有企业之所以在生产经营中存在一系列的问题，主要是因为缺乏自生能力，国企改革的根本之路就在于提升企业的自生能力。

李庆春（2007）基于比较优势认为，如果一个区域推行与本地资源禀赋相一致的经济战略和政策，吸引本地企业选择与本地资源禀赋相符的产业和技术，并最终使本地企业在市场竞争中存活并发展起来，那么这样一个存在大量有自生能力企业的区域就是有自生能力的区域。反之，如果企业的产业和技术选择在政府"违背比较优势战略"的政策驱动下，同该经济的要素禀赋结构所决定的比较优势不一致，比如资本十分稀缺而劳动力相对富裕的欠发达经济在赶超战略的驱动下选择资本密集型产业和技术，那么该企业在面临市场竞争时就会丧失"自生能力"，并最终被市场淘汰，那么存在大量这样企业的区域就是无自生能力的区域。

赵建吉（2007）认为由于企业的发展是区域发展的基础，无论是居民的收入还是政府的财政收入，其主体均来自具有"自生能力"的企业。因此，在一个自由、开放和竞争的市场经济中，如果一个地区在其特定的要素禀赋结构基础上遵循比较优势战略，企业在正常经营管理条件下取得了社会可以接受的正常利润，那么这个区域就是具有自生能力的。否则，区域就是缺乏自生能力的。

王玉芳（2007）提出走可持续发展之路应注重能力的培养与塑造。根据企业自生能力相关研究，提出"可持续发展自生能力"这一概念，认为要想培养可持续发展自生能力，应注重提高技术能力、人力资源开发力度、制度效能，并加强维护生态系统供给能力。王艳华、苗长虹（2008）通过研究资源禀赋、技术学习与企业自生能力的关系提出，形成企业自生能力的并不是资源禀赋的比较优势，而是企业技术学习的能力，并提出在构建企业自生能力时应以资源禀赋和技术学习为基础。

高正平、张兴巍（2013）认为企业自生能力的决定因素是社会治理和社会资本，社会治理对企业自生能力起倒"U"型作用，社会资本对企业自生能力既产生直接效应，又通过调节社会资本产生间接效应。袁其刚、朱学昌、商辉（2014）基于资源约束视角研究出口、创新对企业自生能力的影响效用，研究表明，企业出口和创新对企业自生能力存在显著自我加强效应。朱建明、施梦（2016）认为企业自生能力的评价体系包括企业创新能力、企业发展能力和企业恢复力三个维度，并运用FAHP法和熵值法对不同维度进行权重设定，研究发现这三个维度与企业自生能力存在较强关联性。

2. 关于区域自我发展能力的研究

国内学者关于区域自我发展能力的研究相对较多，主要集中在概念界定、影响因素、评价指标体系构建和提升策略等方面。大部分学者只是研究如何培育地区自我发展能力，尤其是培育西部民族地区或西部贫困地区的自我发展能力，对于地区自我发展能力的概念却很少有明确的界定。对地区自我发展能力概念界定的已有文献也是立足于不同的视角，分歧较大。

吴传钧（1997）认为要增强西部地区自我发展的能力，不但在政策上对西部地区要有所倾斜，而且还要增加对西部地区的财政支持，扩大资源开发，加强交通、通信、水利等基础设施和农牧业商品性生产基地建设，加大对西部贫困地区和民族地区的扶持力度，实施科技扶贫，加强基础教育工程，提高全民素质，改善生活条件和投资

第 1 章 导　论

环境，引导外资更多地投向西部地区，促进沿海地区对西部地区的技术支持和经济协作。

田官平、张登巧（2001）认为提高民族地区的自我发展能力，应从基础设施建设、产业结构调整、转变发展模式、保护生态环境、加强教育等方面着手，同时应积极争取国家对区域发展的资金和政策支持，在自我发展的同时适当加大对外开放的力度。王科（2008）认为应从自然环境、社会发展和经济发展三个方面着手培育区域自我发展能力。白明（2010）认为，培育和提升西部地区的自我发展能力，应坚持以市场为导向，并实施优势资源转化战略，拓展资源利用深度，延长产业链，培育产业集群，使传统优势产业、战略性新兴产业和现代服务业和谐有序发展。孙根紧、丁志帆（2014）认为我国西部地区要想培育自我发展能力，首先应该建立健全有利于发展西部地区自我发展能力的法律体系，其次要促进基本公共服务均等化，再次加大环境保护力度，注重生态环境建设，然后转变国家对西部地区"输血"式扶贫措施，支援着力点转移到基础设施建设和环境保护上来，最后增加西部地区人力资本存量和激发西部地区经济发展的内部活力。李娅、赵鑫铖（2016）以西部边疆五省区的省域数据为例，从数量和结构两个角度对五个受援助省份和援助省份的自我发展能力缺口进行测算，并从能力缺口和需求两方面提出针对性援助的建议，为此才能实现区域自我发展能力的有效提升。

鱼小强（2002）认为自我发展能力是一种国家或地区经济系统内部通过凝聚、整合并产出的能力，他认为一个地区在强调并培育"造血"功能的同时，不应排斥外部力量对区域的扶持作用，自我发展能力是外部力量发挥作用的基础。王科（2008）对自我发展能力概念进行界定时，创造性地以主体功能区为研究视角，指出区域自我发展能力是一个综合性的概念，是将区域内自然生产力、社会生产力进行加总，是对区域内自然资本、物质资本、人力资本和社会资本进行累计加总作为衡量其经济社会发展潜力的一种能力。青雪燕

(2012）指出自我发展能力是"造血"式发展，即通过系统内部各要素之间、内部要素与外部要素之间优化结构、相互协作而产生的一种促进系统自身发展的内生性动力。

周亚成等（2003）认为自我发展能力即在发展过程中，源于自身本体的，与社会发展相吻合的内部推动力量，它包括两个方面的内容：一方面是对自身生产、生活的认识与操作能力；另一方面是与社会整体的联系与融合能力。

姜安印（2005）认为区域自生能力是指一个区域的自然生产力和社会生产力的总和，是对一个区域的自然资本、物质资本、人力资本和社会资本积累状况的整体描述。

曾培炎（2005）强调西部各地要进一步牢固树立和认真落实科学发展观，坚持走新型工业化道路，优化调整产业结构、布局结构和企业结构，大力发展西部特色优势产业，不断增强西部地区自我发展能力，努力实现西部大开发的新突破。

李胜刚（2006）认为自我发展就是内部产生的发展。其目标首先是满足人民的真正需要和愿望，从而确保他们自身的充分发展。自我发展有两个基本要求：在形式上，发展应该是从内部产生的；在目的上，发展应该是为人服务的。自我发展能力就是在能够促进区域经济、社会和其他方面和谐、平衡、长效发展的一种自我能力，并且这种自我发展能力在诸要素中占据根本地位并发挥根本作用。具体来说，自我发展能力主要包括：自我经济发展能力、自我社会发展能力、自我区域组织协调能力、组织创新能力和生态平衡发展能力等。

罗晓梅（2007）从哲学的角度研究了生存方式变革与自我发展能力，认为西部自我发展能力的现实性表现固然是经济学的，即以西部制度创新为基础的区域创新能力和竞争能力，但经济的自我发展能力还应该包括"人"，特别是个体的经济实践能力。

成学真（2007）认为随着统筹区域发展战略的提出，西部地区的开发和发展将更多地依靠区域发展"自生能力"。区域发展"自生

第 1 章 导 论

能力"应该是一个系统，其中，产业发展能力是形成区域发展"自生能力"的基础，生态环境可持续发展能力是形成区域发展"自生能力"的导向，地方政府调控和行政能力是形成区域发展"自生能力"的保障。西部区域发展"自生能力"的提高，需要来自中央政府适度、适宜的外部资源供给，以形成吸引要素流入的"政策洼地"。

曾培炎（2005）强调西部各地要进一步牢固树立和认真落实科学发展观，坚持走新型工业化道路，优化调整产业结构、布局结构和企业结构，大力发展西部特色优势产业，不断增强西部地区自我发展能力，努力实现西部大开发的新突破。

叶文虎（2007）认为振兴东北老工业基地关键是着力培育和提升东北地区的自我发展能力，培育和提升东北地区自我发展能力，首先要突破传统的体制、机制的束缚，把东部发达地区的物资流、人才流、信息流、资金流吸引到东北来，使"四流"在东部和东北之间形成良性互动。还需要体制创新和机制创新，靠新的体制和运行机制把东部发达地区的"四流"吸引过来。如果不能建立起有效的富有活力的凝聚内部人才、吸引外部人才的机制，没有吸引东部资金的机制和良好环节，东北地区的加快发展，老工业基地振兴都是不可能的。

李慧、鲁茂（2008）认为西部地区发展能力较弱，首先是受所有制结构影响，其次是产业结构低度化、轻重工业比例失调、制造业内部"三低一高"产业较多等制约发展能力的培育。西部地区资本配置效率低下，投资环境较差也是制约西部地区发展能力的因素。杨彬（2010）认为区域自我发展能力受生态环境承载力、地理位置、交通通达度、物流量、客流量以及先进科学技术的传播速度、文化传统、经济制度等多方面的影响。陈作成（2013）通过建立面板数据模型对影响西部地区自我发展能力的因素进行实证分析，发现工业化、城镇化和农业现代化对于西部地区自我发展能力具有促进作用，其中工业化的促进作用最为显著。市场化的提高对西部地区自我发展能力的提升有一定的抑制作用。

孙根紧（2015）对区域自我发展能力进行了重新定义，并指出发展主体、发展内容和实现状况是构成要素，最后依据要素构成现状判断地区自我发展能力水平。王永莉、梁城城（2016）通过使用省份面板数据构建了区域自我发展能力指标体系，熵值法的评估结果表明东部地区的自我发展能力综合指数和碳生产能力最高，依次是中部和西部。他们实证研究发现碳生产力显著影响了区域间的自我发展能力，且这种影响方式因地而异，中东部呈现倒"U"型关系，而西部则为正向线性关系。

王科（2008）从区域主体功能区的新视角界定了区域自我发展能力的概念，划分为自然生态环境可持续发展能力、区域社会发展能力、区域经济集聚能力，并分别区别了三者在区域发展中的定位。王科比较完整地界定了区域自我发展能力，并基于扶贫开发实践探讨了贫困地区自我发展能力的演变，为我们继续深入研究提供了基础，但是其对区域自我发展能力的主要内容却没有进一步详细阐述，对于区域自我发展能力的形成机理也没有做出研究。

赵雪雁（2009）以甘南牧区为研究对象，将牧民的自我发展能力分为生产能力、经营能力、就业选择能力、知识吸收能力和知识交流能力五个方面，运用主成分分析法对甘南牧区2005年的自我发展能力进行测算。发现牧民生产投资能力和非农就业因子对自我发展能力有促进作用，而发展因子、生产效率因子和人力资本投资因子对自我发展能力具有抑制作用。闫磊（2011）认为区域自我发展能力由区域生态环境承载能力、区域生产经营能力、土地综合利用能力、空间结构优化能力和区域创新能力构成，运用模糊综合评判法对张掖市2007年和2008年自我发展能力进行测算，发现张掖市自从实施生态产业战略以来，其自我发展能力有大幅提升，且84%的参评者对张掖市现状较为满意。

3. 关于国家能力的研究

王绍光、胡鞍钢1993年出版《中国国家能力报告》一书，使国家能力成为政治学领域的新热点。这一著作的目的在于通过阐述这样一种观点，即在经济发展与经济体制的双重转型中，只有依赖强大的中央财政（国家能力的体现）作为保障，才能弥补市场失灵造成的损耗，才能推动整个经济的健康发展和经济体制的顺利转型；从而有力地推动了当时的"分税制"改革。这一理论带来的现实生产力是通过中央财政的加强，极大地增强了中央政府的执政能力，从而可以有大量的资金去解决中国转型中出现的"三农"问题、医疗制度改革等问题。为此，他们在研究中，把国家能力定义为国家将自己的意志、目标转化为现实的能力，主要包括汲取能力、调控能力、合法化能力和强制能力等。其中，汲取能力，即国家动员社会经济资源、汲取财政的能力，构成了国家能力的核心，主要通过财政占国民收入的比重，以及中央财政收入占国民收入的比重反映。汲取能力与调控能力（国家指导社会经济发展的能力）一同构成了衡量国家能力的重要指标。可以看出，他们所研究的国家能力理论，不仅仅是西方国家建设学派的理论发展，更是着眼于中央政府在改革中的地位，着眼于中国经济的成功转型。国家能力是国家（中央政府）将自身意志、目标转化为现实的能力，主要是指中央政府的能力，而不是公共权威的能力。

黄宝玖（2004）将国家能力看作统治阶级以国家机关为媒介，运用公共权力统治国家、治理社会、实现统治阶级意志、利益并达成社会公共目标的能力。

黄清吉（2007）认为国家能力是国家体制、生产方式、文化传统相互作用的互动结构支撑的，它们的相互作用既可能形成相互冲突的互动结构，也可能形成相互支持的互动结构。国家能力的强弱源于它曾经的支撑结构和现在的支撑结构的优劣，国家能力的强弱是累积的，国家能力的支撑结构是演进的。国际竞争与挑战的压力对国家能力的支撑结构的演进具有重大影响，在特定的时期，他国施加的竞争与挑战的压力可能对国家能力的支撑结构的变迁具有决定性的影响。但他国在国际竞争中所拥有的强大能力同样是国家体制、生产方式、文化传统相互作用的互动结构支撑的。而国家能力发展的本质是国家能力的支撑结构向高层次的演进。其基本环节包括创建国家政权，确定初步的国家体制，扩展社会规模与发展社会生产力，将生产方式中居于支配地位的统治阶级的力量制度化地融入国家体制，构建国家体制、生产方式、文化传统相互支持的互动结构，改进国家体制、生产方式、文化传统相互支持的互动结构，实现国家能力的持续发展。

刘婷婷（2015）认为国家能力是一个国家在实现特定目标过程中体现出的从认知到反思的主观能动力，并将国家能力解构为认知能力、决策能力、实现能力和反思能力。

孙兴杰（2016）认为国家能力就是国家实现其目标的能力。货比和法律是国家能力的抽象性的因素，实现了权力资源的虚拟化和流动性，基于财富与正义的掌控和评判，现代世俗国家实现了合法性再造。国家能力的目标是抵御内外威胁，实现国家安全。均衡有效的权力资源配置是实现国家能力结构优化、提升国家能力水平的基石。

高秉雄、胡云（2017）从国家能力的变量选择角度构建了国家治理能力的评价体系。而陈玮、耿曙（2017）则进一步从"结构视角"和"机制视角"阐释了发展型国家衰落的原因，其中他们以国家能力为依据的"结构视角"解释了国家能力的减弱导致了发展型国家的衰落。

4. 关于连片特困区自我发展能力的研究

高新才（2004）针对中国贫困地区的实际状况，以甘肃省43个国家重点贫困县的地区自我发展能力为例，通过构建经济、自然生态和社会发展三方面的相关指标来衡量，建立了贫困地区自然资本子系统、社会资本子系统、人力资本子系统、经济资本子系统的自我发展能力评价指标体系，结果证明贫困地区自我发展能力的高低与地区经济发展的要素集聚程度、发展潜力、发展支撑条件、灾害条件、初始条件等因素有很大的相关性。并以此为基础，基于自然资本、人力资本、社会资本和特色产业的视角提出了培育地区自我发展能力的相关对策建议。

杨彬（2010）基于甘肃省定西市连片特困区为例，于经济行为主体角度，将区域自我发展能力划分为个体、企业、组织、政府进化能力。在对区域自我发展能力进化动力及形成机制分析的基础上，提出了区域自我发展能力的定性评估内容和衡量指标。提出通过生存方式变革来实现自我发展能力的提升会陷入"循环论证"的误区。指出提升欠发达地区自我发展能力的突破口应该首选政府；通过扩大对外交流获取区域外部规模性的资本和技术支持，通过促进经济要素尤其是劳动力的双向流动以打破传统落后的思维观念，对于提升欠发达地区自我发展能力具有特别重要的意义。

贾金荣（2013）基于六盘山连片特困区61个特困县域的实际情况构建评价指标体系，将自我发展能力分解为物质资本、社会资本、生态资本、人力资本和知识资本，测算五大资本得分和自我发展能力综合得分，认为制约该片区自我发展能力提升的因素主要是五大资本发展水平均不高和五大资本发展不协调，并就此提出要想提高自我发展能力，应着重改善片区的物资、人力和生态资本。

冷志明、唐珊（2014）将自我发展能力解构为产业能力、市场能力、空间能力和软实力四个相耦合的复杂系统，对武陵山片区2005年、2008年和2011年各县市的自我发展能力进行测算，并对其时空演变进行分析，认为武陵山片区自我发展能力整体偏低，空间能力和软实力发展最差，但各能力逐年增强，且片区自我发展能力呈现出"东南部相对下降，北部整体上升"的趋势。

徐孝勇、封莎（2017）从区域农村发展系统的研究视角出发，将连片特困区自我发展能力分解为由一级子系统和二级子系统构成的人工—自然复合开放系统。研究表明中国14个连片特困区可划分为三种不同类型的自我发展能力大小空间分布区域。

5. 关于新疆自我发展能力的研究

周彦、吴一丁（2007）认为地区自我发展能力＝地区实际积累率/地区资金利用系数，并利用该公式计算了新疆及各区域2000年和2005年的自我发展能力，得出以下结论：横向上看，由于地理位置、资源禀赋、人口构成等多种因素的影响，新疆的经济发展分布不平衡，区域间自我发展能力有较大差异，其中东疆和南疆东南部自我发展能力发展最好，北疆西北部自我发展能力最差；纵向上看，从2000~2005年，新疆经济重心一直是天山北坡区和南疆东北部，这两个区域自我发展能力一直较强，而由于过分依赖外部扶持，北疆西北部和南疆西南部自我发展能力较弱。

王蕾、王海霞（2014）认为区域自我发展能力包括政府自我发展能力、企业发展能力和家庭发展能力，运用熵值法对2012年新疆14个地州市的自我发展能力进行测算并排名，发现乌鲁木齐市和克拉玛依市自我发展能力位于整个新疆的前两位，巴州第三，昌吉、哈密地区、塔城地区、吐鲁番地区、伊犁州、阿克苏地区和阿勒泰地区自我发展能力排名为4~10名，其余地州市为后四名。

程楠（2015）将区域自我发展能力分解为生态系统、社会系统和经济系统，对全国和新疆各地州自我发展能力进行测评，认为北疆地区自我发展能力显著高于南疆，经济发展水平对自我发展能力起决定性作用，只有保持经济高速增长才能不断提升自我发展能力，现阶段，新疆自我发展能力主要依靠社会发展和经济发展带动。

孙鲁云、谭斌（2018）基于自我发展能力剥夺视角，运用多维贫困测度方法AF法对新疆和田地区农户的多维贫困进行测度和分解，研究结果显示较低的市场参与度、借款能力低下是和田地区农户面临的突出问题，而农户的多维贫困发生率高达86.23%，MPI指数超过一半，达到0.503，最后得出资本积累、市场参与和人力资本是

第1章 导　论

导致较高多维贫困指数的主要因素。

1.2.3　文献评述

通过将国内外关于自我发展能力的相关研究进行梳理，可以发现，国外关于发展能力的研究较为成熟，主要基于阿玛蒂亚·森的"能力发展论"，在其后继者的发扬和完善下，目前已经形成系统的理论体系。国内关于自我发展能力的研究主要从企业自生能力、区域自我发展能力和国家能力三方面展开，其中研究重点集中在区域自我发展能力上，从个人微观层面研究的较少。

自我发展能力是一个独具中国特色的概念，目前国内这方面的研究主要集中在宏观层面，多以区域整体为研究对象，只能在宏观上提出提升策略，显然无法满足现阶段精准扶贫的要求。而且，新时期，国家扶贫攻坚的主战场集中在连片特困区，但由于各片区地域广阔、致贫因素不同、相关数据难以搜集，关于连片特困区自我发展能力的研究相对较少，不能为我国全面扶贫提供充分理论借鉴依据。

本书从微观视角研究新疆连片特困区少数民族农户自我发展能力，并提出自我发展能力提升的对策建议，具有针对性，操作性强，同时因新疆连片特困区是国家划分连片特困区中贫困发生率最高的片区，以该片区为研究对象，对解决片区贫困，实现2020年全面建成小康社会的目标至关重要。

1.3　研究内容与方法

1.3.1　研究内容

本课题在阿玛蒂亚·森"能力贫困"等相关理论基础上，借鉴已有国内外研究成果，对新疆连片特困区少数民族农户自我发展能力进行综合测评，并结合新疆连片特困区发展的实际，从自身禀赋和外部环境两个方面实证研究了影响少数民族农户自我发展能力的因素，并提出相应的对策建议。本书共分6章，结构安排如下：

第1章，导论。本章主要介绍论文的研究背景及意义，国内外研究现状，研究内容与方法，以及可能的创新与研究的不足。

第2章，概念界定与理论基础。首先对连片特困区、农户自我发展能力等概念进行界定，其次介绍了反贫困理论、区域经济学理论和能力理论等相关理论，为后文的研究奠定基础。

第3章，新疆连片特困区特殊性分析。首先，从经济、自然资源和社会三方面对新疆连片特困区的发展情况进行描述；其次，从民族性、生态脆弱性、封闭性、边境性和贫困性五个方面分析了新疆连片特困区的特殊性；最后，分析新疆连片特困区面临的机遇与挑战。

第4章，新疆连片特困区少数民族农户自我发展能力测评与分析。首先，介绍AF多维测算方法及数据处理过程；其次，研究该区域少数民族农户自我发展能力的动态变化和空间差异。

第5章，新疆连片特困区少数民族农户自我发展能力提升与可持续减贫。首先，从该区域农户自身禀赋出发，研究人力资本、物质资本和社会资本在提升农户自我发展能力方面的作用，以及对可持续性减贫的贡献；其次，进一步探讨了基础设施可获得性和社会治安状况等环境因素对农户自我发展能力的影响；最后，对这部分研究的结论进行了小结。

第6章，新疆连片特困区区域自我发展能力的进一步讨论。首先，通过构建区域自我发展能力指标体系，利用因子分析法，评价新疆连片特困区县域层面自我发展能力水平；其次，与我国其他区域自我发展能力进行横向比较；最后，得出阻碍自我发展能力提升的制约因素。

第7章，新疆连片特困区少数民族农户自我发展能力提升的对策建议。根据前文研究结论，分别从微观、中观和宏观层面针对性地提出新疆连片特困区自我发展能力提升的对策建议。

第8章，结论与展望。

1.3.2 研究方法

（1）规范分析与实证分析相结合。课题在研究过程中采用实证分析与规范分析相结合的研究方法。

（2）模型分析法。本课题采用了MPI多维贫困指数、Logit模型、面板数据模型等模型分析方法。

（3）问卷调查法。主要使用了连续两年的新疆连片特困地区少数民族农户调查问卷，样本数超过千户，涵盖了新疆连片特困地区绝大部分地区，以满足本课题的研究需要。

1.4 可能的创新

本书的可能创新之处在于：

第一，研究视角具有一定的新颖性。本课题着眼于新疆连片特困地区的少数民族贫困农户，研究如何提升其自我发展能力，更加微观、具体，且所研究问题也更加核心、更加关键，不同于以往研究。

第二，研究方法有所创新。本课题使用了大量对微观数据的处理方法，并对特殊类型贫困地区的少数民族贫困农户进行了两年的追踪调查，且每年入户调查问卷在2 000户左右，涵盖了新疆连片特困地区绝大部分地区，以客观反映少数民族贫困农户自我发展能力的真实情况和动态变化。

第三，研究内容具有一定的创新性。实现了对新疆连片特困地区少数民族贫困农户的自我发展能力的综合评价，并进一步从自身禀赋和客观环境两个方面分析了影响新疆连片特困地区少数民族贫困农户自我发展能力提升的因素。

第 2 章

概念界定与理论基础

2.1 概念界定

2.1.1 连片特困区

《中国农村扶贫开发纲要（2011～2020 年）》（以下简称《纲要》）指出，新时期我国扶贫攻坚的主战场主要集中在连片特殊困难地区（简称"连片特困区"）。《纲要》指出，连片特困区主要包括六盘山区、秦巴山区、武陵山区、乌蒙山区、滇贵黔石漠化区、滇西边境山区、大兴安岭南麓山区、燕山—太行山区、吕梁山区、大别山区、罗霄山区以及国家已明确实施特殊政策的西藏、四川藏族聚居区和南疆三地州。从地域上看，连片特困区散布在我国广大的版图上，其地理环境和经济社会发展存在巨大的差异，因此连片特困区是一个抽象的集合性概念，每个地区都有其自身特殊性，难以以一个统一的概念概括，但这些区域也具有一些共性，如贫困范围广、贫困程度深、致贫因素复杂、扶贫开发难度大等，而且这些地区多是少数民族聚居区、边远山区、革命老区和边境地区，以往的扶贫模式在此难以奏效。

因此，新时期中国的贫困格局呈现出绝对贫困人口在分布上向边远山区、民族聚居区、革命老区、省际交界区等区域集中的大分散、小集中态势，这些贫困人口集中区被称为集中连片特殊困难地区，简称连片特困区。

2.1.2 新疆连片特困区

新疆连片特困区主要是指南疆三地州，包括克孜勒苏柯尔克孜自治州、喀什地区、和田地区，辖24个县（市），克孜勒苏柯尔克孜自治州包括阿图什市、阿克陶县、阿合奇县、乌恰县，喀什地区包括喀什市、疏附县、疏勒县、英吉沙县、泽普县、莎车县、叶城县、麦盖提县、岳普湖县、伽师县、巴楚县、塔什库尔干塔吉克自治县，和田地区包括和田市、和田县、墨玉县、皮山县、洛浦县、策勒县、于田县、民丰县。从地理环境上看，该地区处于亚欧大陆干旱区，以荒漠、戈壁为主，绿洲空间距离遥远，区内干旱少雨，水资源极为稀缺，植物覆盖率低，种群结构单一，等级较低，生态系统稳定性差，区域内生态环境脆弱，自然灾害频发，是典型的贫困问题与生态脆弱耦合区域。

2.1.3 区域自我发展能力

国内外学者基于对"自我发展"的理解，分别从不同的研究视角尝试对"区域自我发展能力"的概念进行界定，并对其内涵进行深层次阐述。但时至今日，学术界仍未就这些内容达成共识。国内学术界，唐奇甜（1990）首先尝试对"区域自我发展能力"的概念进行界定，他基于生产力角度将区域自我发展能力定义为"征服和改造自然界的能力"，是一种"在任何灾害的情况下能保持自治、自

第 2 章　概念界定与理论基础

理、自强的能力。"这一概念虽然不严谨，但却给后续的研究者以重要启示。之后，诸多学者对区域自我发展能力概念进行界定，按区域发展和外围力量的关系大致可以将它分为两大类。第一种观点强调区域发展的内源性，将区域自我发展能力定义为区域主体在没有外部扶持情况下，依靠区域自身力量，充分发挥主观能动性来实现自身发展的能力。第二种观点强调区域自我发展能力在区域发展过程中的基础性作用，但明确表示，区域自我发展能力与外围力量之间并非互斥关系，区域自我发展能力是外围力量发挥作用的内在基础。

从学术界关于区域自我发展能力概念的代表性观点可以看到，学者对区域自我发展能力在区域发展中的基础性作用及其内源性达成了共识，但只是揭示了区域自我发展能力概念内涵的部分内容，并没有完全触及其内涵本质。

区域自我发展能力的概念不仅要体现经济社会发展能力的一般性内涵，还要体现经济社会发展能力的空间特征。总体来说，区域自我发展能力是一个复杂的具有综合性、相对性、动态性和开放性的概念，涵盖了地区经济、社会和生态环境的方方面面，主要是指在外界扶持作用减弱或者消失的情况下，一个地区依靠自身的基础、优势和潜能，利用自身的"造血"功能，将区域内各项资源进行整合，并将其转化为经济竞争力，为区域发展创造经济效益，促进区域长效、协调、全面和可持续发展的一种能力。本书认为区域自我发展能力可以从经济发展水平、社会发展水平和资源集聚能力三方面予以分析，通过各方面能力的培育和相互配合，实现区域的"造血"功能，促进区域的综合发展。

对区域自我发展能力需要特别说明的是，首先，区域自我发展能力着重强调自身发展能力，是一个区域通过自身所拥有的各种资源创造经济财富，提升自己的综合能力，是相对于所说的外部扶持力量而言的。其次，在强调通过自身力量发展的同时，并不排斥外在力量的推动作用，一个地区的发展需要中央政策的支持和资金的扶持，因此，外部扶持力量也是一个地区发展不可或缺的一部分。

2.1.4 能力贫困与农户自我发展能力

诺贝尔经济学奖获得者阿玛蒂亚·森（Amartya·Sen，1992）在福利经济学基础上创立了多维贫困理论，用能力方法定义贫困，将贫困界定义为最基本可行能力的剥夺和机会的丧失，而不仅仅是收入的低下，并在此基础上提出了"能力贫困理论"（capability poverty）。阿玛蒂亚·森认为"可行能力"（capability）是指此人有可能实现的，各种可能的功能性活动组合。这种可行能力来源于个体对社会资源的拥有程度，以及使用这些资源的能力，是我们实现自身物质和精神需求的根本保障。阿玛蒂亚·森"能力贫困理论"在界定了"可行能力"的基础上，详细地分析了贫困人群收入和可行能力之间的关系。认为收入是获得可行能力的基本手段，贫困地区人群只有在保证收入有所增长时，才有可能增加其参与社会生产的机会和能力；同时当贫困人口的可行能力得到提升时，相应的也会使其获得更高水平的收入，这二者之间是相互作用、相互促进的。

该理论的核心在于改变了以往的贫困视角，从"可行能力"的角度去研究贫困问题，通过能力参数来测量人们的生活质量，考察个人参与社会生产、解决自身需求、实现自我价值的实际能力。并且在《作为能力剥夺的贫困》一书中就如何提高贫困者的"可行能力"做出了详细的解释，认为教育作为一种基本能力，其被剥夺与否，直接关系到贫困者能力的培养以及生活质量的提高，并提倡教育公平，让贫困者能够通过教育途径提高个人获得更多收入及摆脱贫困的能力。阿马蒂亚·森的能力贫困理论加深了人们对贫困的认识，为世界反贫困事业做出了不可磨灭的贡献，同时也为知识扶贫模式提供了一定的理论基础。

阿玛蒂亚·森长期研究发展经济学，对独立经济学和社会选择理论具有重要贡献。森通过构建以自由、能力和功能为核心的能力方法框架，研究如何通过各种手段、外部环境来增进人的能力。该理论的核心思想是通过用可行能力评价人的生活质量来实现人的自由发展，主要分为功能性活动、可行能力和自由三个方面。森认为生活是由系列功能性活动组成，每完成一个功能性活动，就用一个功能性活动向量表示，最终形成功能性活动向量集，该集合反映了实际成就即生活水准。这种评价方法与古典经济学相比，更加多元性。

农户自我发展能力在学术界并未形成一致性的概念，相关研究还处于探索和丰富阶段。在《中国农村扶贫开发纲要（2011~2020年）》中，我国提出了"两不愁、三保障"的多维扶贫目标，即实现扶贫对象不愁吃、不愁穿，保障扶贫对象的义务教育、基本医疗和住房。这实际上是一种自我发展能力水平的体现。本研究就是在国家扶贫目标的基础上，借鉴阿玛蒂亚·森的"能力贫困理论"，以AF多维贫困测算方法为具体工具，构建新疆连片特困区少数民族自我发展能力测算体系，通过多维贫困指数衡量该区域农户的自我发展能力。这在理论和实践中都得到了很好的运用。

2.2 理论基础

2.2.1 反贫困理论

人类社会发展史表明，人类的发展是由人类从愚昧走向文明和人类不断同贫困做斗争两方面形成的。人类文明发展至今，贫困仍是世界各国面临的主要挑战之一，因此反贫困是一个迫切而又现实的问题，各国学者积极探索反贫困的道路和措施，形成了诸多理论。

1. 马尔萨斯"抑制人口增长"反贫困理论

最早对贫困问题进行关注和批判的是空想社会主义者,他们从16世纪就开始揭露资本主义工业化进程中的贫困现象,但只是对贫困现象予以描述并进行道德批判,并未进行系统的理论研究。从理论渊源上讲,将反贫困上升到理论高度的,是18世纪末19世纪初的英国经济学家和人口学家马尔萨斯。马尔萨斯1789年在《人口原理》一书中提出"人口剩余致贫论",他认为,资本主义社会中的贫困并不是由资本主义私有制造成的,贫困自身是贫困的原因。因为:一是"两性间的情欲"会导致人口在食物供应允许的范围内最大限度地扩张;二是人口的加速增长使劳动力的供给增加,从而对既定的土地资源形成压力,一旦这一过程趋于恶化,其结果只能是饥荒和死亡的增长;三是从长期来看,食物供给的增长滞后于人口的增长,既食物供应是按算数级数增长,而人口则是按几何级数增长的,因此,贫困是不可避免的,它与资本主义私有制度不相干。

现在看来,马尔萨斯关于贫困的认识及反贫困的措施存在片面的错误,但辩证地看,他指出人口生产与物质生产之间存在某种辩证关系,具有一定的积极意义。

2. 马克思主义的反贫困理论

对马尔萨斯的观点首先提出质疑的是马克思和恩格斯。他们从19世纪中叶开始对资本主义社会中出现的贫困问题进行深刻研究,是最早从制度层次对贫困产生的原因及反贫困道路进行研究的。他们对贫困的研究立足于资本主义生产的本质,指出资本主义生产的本质是资本家最大限度的占有剩余价值,而造成贫困现象的根源正是资本主义私有制,资本主义私有制制度下,资本家的生产不是为了满足社会和人的需求,而是为了获得更多的剩余价值,在尽可能多的获得剩余价值的过程中形成对工人的剥削,从而造成工人的贫穷。马克思的研究对世界反贫困理论贡献巨大,在世界反贫困理论中占据重要地位。

马克思主义反贫困理论的创立阶段主要包括三个观点:一是贫困根源的社会制度决定论。马克思指出,不同的社会制度、政治制度和经济制度决定着不同的人群成为贫困人口。二是反贫困途径的消灭剥削制度论。马克思认为,在资本主义制度下,企图把无产阶级的经济地位的改变寄希望于资本主义生产的高度发展上,那只是天真的幻想。无产阶级为资本主义社会创造了大量财富,而自己却牢牢地从属于资本,日复一日地经受资本剥削而日益贫困化。他的结论是,无产阶级摆脱贫困的唯一出路是"剥夺者被剥夺"。三是反贫困目标是消灭贫困,实现人类共同富裕。从完全消灭剥削阶级和阶级压迫,彻底消除贫困,劳动者真正成为主人的角度思考问题,马克思、恩格斯构建了社会主义理论,对未来社会人类共同富裕及人的全面发展进行了系统的论述。

马克思主义反贫困理论的发展阶段主要是在中华人民共和国成立以后,特别是改革开放以后,邓小平指出贫困存在的根本原因是与一定生产力发展水平发展相联系,指出资本短缺论、自然环境论、人口素质论、阶层划分论等就事论事的局限性。提出反贫困的道路、途径和步骤,并且提出了社会主义反贫困的目标,是对马克思主义反贫困理论的延续和升华。

3. "收入再分配"反贫困理论

收入再分配反贫困理论的产生有其特定的社会思想和时代背景,主要有两个方面。

首先,随着社会的发展,人们对待贫困的态度和认识得到改变。欧洲主要国家19世纪取得工业革命的胜利后开始由自由资本主义向垄断资本主义过渡。社会生产力大幅提高,社会财富急剧积累,但是广大工人阶级生活水平不升反降,引起人们对贫困问题的重新关注,并对传统古典经济学家关于"贫困是由于个人原因"的观点产生动摇。

其次，社会福利学的兴起为其提供了直接的理论基础。人们改变了传统的对贫困的错误认识，并意识到贫困问题不应由个人负责，国家、政府应该对贫困问题负主要责任，因此收入再分配反贫困理论的产生与福利经济学密不可分。

西方收入再分配反贫困理论流派诸多，主要包括功利主义、自由主义分配正义论、自由意志主义机会平等论、新旧福利经济学、货币学派的负所得税理论等。这些理论在其演进中形成了一系列价值目标和政策主张。

功利主义的收入再分配理论是由英国哲学家边沁和古典经济学家穆勒共同创立，主要包括政府收入再分配政策目标是实现大多数人利益最大化，基本论点是政府的正确目标应该是社会每个人效用总和的最大化。政府政策的落脚点在于促进分配总量的最大化，但并不主张政府通过收入再分配，实现社会收入分配的平均化，功利主义认为，政府在收入分配问题上必须做到因平等带来的好处与因激励机制扭曲而带来的损失取得平衡，为此，既要做大分配总量，又不搞平均主义的分配。

自由主义分配正义论的收入再分配理论是由哲学家罗尔斯在1971年出版的《正义论》中对收入分配提出了与功利主义截然相反的主张。提出了收入再分配政策目标是实现社会状况最差的人的福利最大化，强调的是处在收入分配最下层中的那些人效用的最大化。指出政府应推行收入分配平等化的公共政策，把富人收入转移给穷人，使社会增进了最不幸人的福利，力求使社会的每个人都能从这种不平等的改进中获益。

机会平等主义的收入再分配理论是诺齐克1974年在《无政府，国家和乌托邦》书中系统构建的新正义论体系，既权利理论。提出了收入再分配政策目标首先是坚持"持有"公正，包括权利、机会、规则和结果的公正，以"持有"正义来代替分配正义。指出政府收入分配政策应致力于促进"持有"公正的实现，他认为机会平等比收入平等更加重要。

福利经济学的收入再分配理论按其发展分为新、旧福利经济学，围绕社会福利最大化的目标，以效率、公平、发展作为理论研究的核心议题，探讨如何达到既促进经济发展，效率提升，又能保障公平公正原则实行的制度选择与安排。其研究社会福利的最大化，福利的合理分配和公平的关系。旧福利经济学以庇古为代表，主要由基数效用论和有关福利的三个基本命题构成，其思想强调公平和效率兼顾，既强调增加国民收入又关注穷人在国民收入中所占份额，强调国民收入的公平分配。新福利经济学的收入再分配理论是由意大利经济学家帕累托创立，反对庇古关于效用可度量和效用可比较两个基本命题，反对庇古的收入平等化政策主张，只探讨资源配置对社会福利的影响，提出了帕累托最优原则，强调提高效率，促进发展对促进公平实现的意义，同时解决效率和公平问题，才能实现社会福利的最大化。

货币主义学派的收入再分配理论是以米尔顿弗里德曼为首的西方经济学家反对凯恩斯主义者所主张的对低收入者发给差额补贴的福利制度，提出了正负所得税相结合的收入分配制度。正负所得税双向调节，促进公平又不损害效率目标。负所得税是以政府向个人支付所得税代替社会福利补助的一种形式。

收入再分配理论的核心在于通过国民收入的再分配过程，使社会财富在富人和穷人之间、在职者和失业者之间、健康者和残疾者之间、富裕地区和贫困地区之间进行合理的转移。与初次分配注重效率不同，再分配更加注重公平。社会保障制度在反贫困过程中发挥了巨大的作用，但也应该看到，收入再分配理论并不注重促进人的全面发展，因此在维持贫困人口基本生存的同时，也造成了贫困问题的持续存在以及贫困的代际传递等问题。

4. "涓滴效应"反贫困理论

"二战"后，反贫困问题的研究开始由西方发达资本主义国家转向发展中国家。在战后相当长的时间，"涓滴效应"反贫困理论占据主导地位。

"涓滴效应"最初由美国经济学家赫希曼提出，他认为增长极会对一个区域的经济产生有利和不利的双重影响，这两种影响分别是"涓滴效应"及"极化效应"。经济发展初期，极化效应占据主导地位，因为该效应能够促进地区经济发展，但是会使得区域的贫富差距加剧。长期来看，发达地区和不发达地区通过投资和就业等机会所产生的"涓滴效应"会缩小区域发展的差异。赫希曼认为，经济发展过程中贫困阶层并未受到特殊的优待，贫困阶层的发展与富裕主要是靠优先发展起来的群体或地区，通过消费、就业等带动其发展。虽然穷人只能从中获得绩效的收益，但随着经济的发展，收益会逐渐增加，从而自动改善收入分配，贫困发生率减小，最终会减缓甚至消除贫困，从而实现共同富裕。

该理论包含三层含义：第一，要改变地区落后的现状，经济增长对一个国家的发展进程至关重要。第二，增长与公平具有"不相容性"，即增长与公平在一定时期内是不相容的。要想在发展过程中选择增长为先，就不可避免地会遭受不公平，否则积累和增长就会受到抑制。第三，贫困在经济发展过程中会自动缓解和消除。经济增长能够带来社会的繁荣，在没有社会政策干预的情况下，经济发展可以通过市场机制的"滴漏"作用解决贫困问题。

5. "赋权"反贫困理论

赋权指的是赋予或充实个人或群体的权力，挖掘与激发潜能的一种过程、介入方式和实践活动。社会工作视野下的赋权是通过外部的干预和帮助而增强个人的能力和对权利的认识，减少或消除无权感的

第 2 章 概念界定与理论基础

过程，其最终目的是使个人能够采取行动来解决自身问题和改善现状。

赋权理论及实践的源流可以追溯到 19 世纪后期，但其兴衰史是 20 世纪八九十年代。70 年代所罗门开始对美国黑人少数民族的研究，提出对社会中被歧视的少数族裔或弱势群体的赋权工作，赋权因此被纳入社会工作的视野，之后对赋权讨论便逐步在学术界兴起。早期关于赋权工作的讨论，主要围绕两个主题：一是社区层面的赋权，针对的是富裕社区中的贫困社区，对象是贫困社会最缺乏权利和自助能力的弱势群体，重点关注的是在社区层面保证维护基本权利和提高社会参与度，隐含的是改善低下阶层权益的概念；二是一些备受关注的弱势群体的赋权。20 世纪 90 年代后，西方国家对赋权工作的讨论，大体上仍然是跟随这两个方向，只是对赋权工作的方法有了更加广泛的讨论，焦点放在了对赋权取向的社工模型的研究，同时，赋权被当作社会工作中一个通用的方法已经成为学术界的共识。经过近 30 年的发展，赋权理论及实践已经成为社会工作中的一个重要研究课题，在学术、政治和专业层面被广泛地应用。

赋权理论的主旨是赋予权利、使有能力。该理论的研究起始于 20 世纪 60 年代，在 80 年代以后该研究达到兴盛期，其研究对象为失权个体或群体。赋权理论真正被作为反贫困理论，主要由森的"贫困的实质源于权利的贫困"的研究引起的。

赋权反贫困理论的假设前提是：权利的不平等是造成个体或者群体贫困的主要原因，在研究中主要涉及权利与资源的再分配问题。赋权反贫困理论主要是探讨和解决"增长型贫困""繁荣型贫困"问题，在赋权的过程中使个体或者群体贫困者保持积极乐观的态度，踊跃参与决策，通过实际行动提升自己的权利从而改变不利处境，最终使社会的权力结构更趋公平。外部可以通过制度安排实现赋权，但并不能实现自动赋权，只是创造一种机会，让被剥夺权利的贫困者能够通过采取行动来缓解社会经济、政治状况，使赋权最终得以实施。

6. "人力资本"反贫困理论

该理论是在舒尔茨和森关于人力资本和能力贫困的相关研究基础上形成的,是目前世界上反贫困理论的前沿研究成果。

1960年美国经济学家西奥多·舒尔茨(Theodore Schultz)在经济学发展年会上发表了题为"论人力资本投资"演说,提出了一个著名的观点:"经济发展主要取决于人的质量,而不是自然资源的丰歉或资本存量的多寡。"他指出以前许多经济学家片面强调工业化的弊端,系统深刻的描述了人力资本对经济增长的不可替代作用,后发展成为一套系统的理论,即"人力资本投资"理论。该理论认为贫穷国家或贫困地区经济之所以落后,其根本原因不在于物质资本的短缺而在于人力资本的匮乏,是缺乏健康、专业知识和技能、劳动力自由流动受阻、教育等高质量人力资本投资的结果。认为在生产日益现代化的条件下,唯有将人力资本因素充分的融入经济生产中,在增加物质资本投资的同时,更加注重对人力资本的开发,提高贫困地区人口的知识、技能、素质以及健康水平,保证人力资本的质量,实现物质资本与人力资本的齐头并进,以此促进贫困人口进入劳动力市场,促进就业,增加收入,从而带动贫困地区经济的良性发展,以达到缩小贫富差距,消除贫困的目的。人力资本投资理论突破了传统反贫困理论中只关注物质资本的束缚,开辟性地将人力资本纳入反贫困问题研究中,从这一角度来看与知识扶贫具有相似之处。该理论的提出,极大地丰富和扩展了反贫困理论的内涵,对于近几十年世界工业化国家的经济发展,尤其是发展中国家反贫困战略的实践产生了广泛而深远的影响。

舒尔茨将资本划分为物质资本和人力资本,并指出部分国家和个人贫困的主要原因是人力资本匮乏,即贫困的主要原因是缺乏健康、专业知识和技能,劳动力不能自由流动,对于教育方面的投资不足。

但是作为反贫困理论,更应该深刻探讨的是贫困问题本身。继权利贫困之后，以森为代表的学派又提出了能力贫困的观点，这种观点指出贫困并不能只从收入低下这方面予以衡量，而应该看作对基本可行能力的剥夺，这种能力剥夺主要表现为过早死亡、营养不良（特别是儿童营养不良）、长期流行疾病、大量文盲以及一些灾害等。该学说认为应该改变传统的以收入高低衡量贫困的标准，在判断贫困程度时，应注重将能力参数引入其中，综合考虑人们的生活质量，考察个人实现自我价值的能力，能力是保证机会平等的前提，即机会平等必须通过能力平等得以实现。

因此解决贫困问题的根本出路在于提高个人能力，而能力的提高需要人力资本支持。贫困人口因为人力资本不足，没有足够的能力获得生存和发展的机会，久而久之就会被社会排斥，处于社会底层，无法摆脱贫困。因此，要想解决贫困问题，就应该进行人力资本投资，通过提升贫困者的能力来达到反贫困的目的。该理论创造性地把反贫困的重点放在贫困者自身，摒弃收入、市场等的影响，把教育、健康等作为解决贫困问题的关键，对反贫困理论的发展具有重要意义。

2.2.2 区域经济学理论

西方经济学家对于区域经济学方面的研究，主要开始于19世纪创立的区位理论，关于区域经济学方面的研究，大致分为三个阶段：古典区位论、战后区位论和新兴区域经济学。

1. 古典区位理论

"二战"前区域经济学相关的研究主要集中于企业、产业及城市如何进行区位选择，它们的空间行为以及组织结构等相关问题上，这一时期的古典区位理论发展极其繁荣，杜能、韦伯、克里斯塔勒、廖什等的区位理论影响深远。区位是厂商在从事生产经营活动时所在的位置，如何确定最优的位置以使经济效益最大化是古典区位理论研究的核心问题。

杜能19世纪初在《孤立国对农业和国民经济之关系》（1826）中提出农业土地利用方式或农作物的布局主要是由距离城市远近的地租差异决定的，他是首个注意到区位对运输费用影响的学者，并由此提出著名的"杜能环"。他假设有一个与外界无任何联系的孤立国，在这个孤立国内：①只有一个中心城市，城市周围是广阔的、自然条件均一的可耕平原；②均匀分布着具有相同技术素养的农民，他们追求最大利润，并有能力按市场要求调整其农业经营类型；③城市是农产品唯一的市场，马车是唯一的运输工具，农民承担农产品的运费，运费与运输的质量和距离成正比；④市场农产品的价格，农业劳动者工资，资本的利息皆假定不变。在上述假设条件下，影响农业区位的唯一因素是运输成本。根据孤立国的假设，按照当时的农业生产条件，杜能认为，在孤立国内，将形成以中心城市的中心，呈同心圆状、由内向外分布的6个农业圈。两种作物的实际界限并不取决于其中任何一种作为的最大种植极限，而是取决于同一地点种植不同作物的比较利益。

德国经济学家韦伯在继承杜能区位思想的基础上，于1909年在《论工业区位》一书中提出区位法则主要有三条，即运输、劳动、集成或分散法则，从而创立了现代工业区位论，该理论是西方工业区位论理论发展的基础，并是现代理论的核心。韦伯理论认定区位因子决定生产场所，经过数学推导可产生一个生产费用最小地点和节约费用的最大地点，这个地点正是生产场所的分布之处。韦伯区位论中的区位因子包括一般区位因子和特殊区位因子两种，后者适用于一些特殊部门，而前者适用于一切工业部门而更加重要。他着重分析了三个一般区位因子：运费、劳动费和集聚（分散），据此，他建立了三个相应的法则，运输区位法则，劳动区位法则和集聚（分散）区位法则。综上所述，韦伯认为工业区位选择首先，应考虑运输费用问题，最佳的工业区位是运距和运量的最低点。其次，在选择最优区位时还应该充分考虑劳动力费用和集聚等因素，因为这几个因素会改变单纯由运输费用决定的最佳区位。

德国地理学家克里斯塔勒创建中心地理论深受杜能和韦伯区位论的影响，故他的理论也建立在"理想地表之上"。1933年，克里斯塔勒在其发表的《德国南部的中心地》一书中提出过去区位理论的研究范围过于狭窄，应将其拓展到市场及聚落分布上来，认为一个企业或者厂商最佳的区位选择是一个以中心城市为中心，由多级市场组成的网状体系，即将市场作为中心，将获得最大经济利润作为目标来进行区位选择，并提出正六边形中心地网络体系。其基本特征是每一点均有接受一个中心地的同等机会，一点与其他任意一点的相对通达性只与距离成正比，而不管方向如何，均有一个统一的交通面。后来，克氏又引入新古典经济学的假设条件，既生产者和消费者都属于经济行为合理人的概念。这一概念表示生产者为谋取最大利润，寻求掌握尽可能大的市场区，致使生产者之间的间隔距离尽可能地大；消费者为尽可能减少旅行费用，都自觉地到最近的中心地购买货物或取得服务。生产者和消费者都具备完成上述行为的完整知识。经济人假设条件的补充对中心地六边形网络图形的形成十分重要。克氏还提出，有三个条件或原则支配中心地体系的形成，它们是市场原则、交通原则和行政原则，并对三原则的适用范围进行了分析。克氏的中心地理论在区位经济学中有着重要而深远的意义，是地理学由传统的区域个性描述走向对空间规律和法则探讨的直接推动原因，是现在地理学发展的基础；中心地理论是城市地理学和商业地理学的理论基础，同时也是区域经济学研究的理论基础之一。

德国经济学家廖什在《经济空间秩序》（1939）提出以利润原则研究区位选择问题，并提出以市场为中心的工业区位论和经济背景论，就是我们经常提到的廖什市场区位理论，就是以市场需求作为空间变量对市场区位体系的解释。他把市场需求作为空间变量来研究区位理论，进而探讨了市场区位体系和工业企业最大利润的区位，形成了市场区位理论。市场区位理论将空间均衡的思想引入区位分析，研究了市场规模和市场需求结构对区位选择和产业配置的影响。进一步发展了区位理论，解释了为什么区域会存在，定义了依赖于市场区以及规模经济和交通成本之间的关系的节点区。

2. 战后区位理论

"二战"后关于区域经济领域的研究主要分两个方面进行：一是区域科学方向，由美国学者艾萨德在50世纪末创立，他根据区域经济发展的实际需求，将研究对象拓展为区域发展的综合规划，而非过去只考虑单个厂商的区位选择。研究对象为区域经济的发展规划、开发实施以及组织协调，在研究过程中借鉴计量经济学和系统分析学等学科的相关知识，构建出区域整体模型。在模型中他将区域分为各个部门，并进行定性评价。二是关于人文地理学方面，将贝里、赫格尔斯特兰等的区位理论与地理研究结合起来，从地理研究视角出发，将区域的系统结构以及内部机制结合起来，通过相关算法模拟并预测一个区域发展的过程，这项研究开启了计量地理学的相关研究。

该理论与战前理论相比，具有明显的特征：一是研究对象由单个厂商的区位选择转变为整个区域的模型研究；二是从纯理论的研究转变为应用型的模拟研究；三是区位选择因素将第三产业考虑进去；四是区位决策不仅考虑利润最大化，更是考虑到人们的居住、出行、娱乐等效用最大化。

3. 新兴区域理论

区域经济学是从古典区位论中演化出来的新兴学科，但是他所研究的问题许多是在古典区位论的框架中无法解决的，20世纪60年代末，为了解决这些问题，西方经济学家开始用宏观经济学的方法研究区域经济发展问题，从而形成了新兴区域理论。其研究内容主要包括以下几方面：一是研究如何在国家建立多层次、多方向的经济区划体系，以地域分工协调国家和地区发展；如何改造区域间的发展环境，来使国家的整体环境得到提高。二是研究各个区域的比较优势，通过促进区域优势产业和特色产业发展带动区域发展。三是研究以国家总体发展目标为最终目的，对各个区域进行定位并制定具体的发展策略。四是如何在全国范围内建立起多层次的城市系统，并通过建立交通、信息、物流等网络扩散系统实现区域的协调发展。五是研究区域经济发展的梯度转移规律，即生产力的时空演变规律。六是研究区域经济发展动态，通过区域经济发展变化对今后发展进行预测。这一时期，区域经济学的研究内容和研究范围有了极大扩展，不同于传统区位理论，该理论不仅包括微观、中观、宏观的经济理论，更是涵盖了多学科的内容，从而形成一门经济学的新学科——区域经济学。该时期区域经济学理论框架初步形成，最有代表的当属胡佛的《区域经济学导论》（1970）。

4. 凯恩斯的国家干预理论

20世纪20年代末30年代初，资本主义危机爆发，世界经济呈现出明显的两极分化状态，凯恩斯就此情况撰写并发表了《就业、利息和货币通论》（1936）一文，标志着宏观经济学的诞生，也使得国家干预经济理论由配角变成了主角。

为了解决有效需求不足的问题，凯恩斯主张放弃经济自由主义，代之以国家干预的方针和政策。国家干预的最直接的表现，就是实现赤字财政政策，增加政府支出，以公共投资的增量来弥补私人投资的不足。增加公共投资和公共消费，实现扩张性的财政政策，这是国家干预经济的有效办法。由此而产生的财政赤字不仅无害，而且有助于把经济运行中的"漏出"或"呆滞"的财务重新用于生产和消费，从而实现供求关系的平衡，促进经济增长。

凯恩斯认为，政府通过扩大支出，包括公共消费和公共投资，可以改善有效需求不足的状况，从而减少失业，促进经济的稳定和增长。政府支出具有一种大于原始支出数额的连锁效应，一笔政府支出可以取得几倍于原始支出额的收入水平，就是我们常说的"乘数效应"。

凯恩斯最后得出结论：资本主义市场中不存在一个能把私人利益转化为社会利益的看不见的手，资本主义危机和失业不可能消除，只有依靠看得见的手即政府对经济的全面干预，资本主义国家才能摆脱经济萧条和失业问题。为此，凯恩斯主张政府通过收入分配政策刺激有效需求来达到充分就业。为刺激社会投资需求的增加，他主张政府采取扩大公共工程等方面的开支，增加货币供应量，实行赤字预算来刺激国民经济活动，以增加国民收入，实现充分就业。

综上所述，凯恩斯针对当时资本主义国家面临的困境，提出根本原因在于市场经济运行秩序，应以市场机制外的力量尤其是政府干预为主要力量促使经济恢复发展。凯恩斯的国家干预政策对各国影响巨大，西方国家政府纷纷采取该政策，制定一系列措施帮助落后地区的发展，极大地缓和了区域经济发展的两极分化现象。

2.2.3 能力理论

1. 森的能力理论

诺贝尔经济学奖获得者，阿玛蒂亚·森（Amartya·Sen）于1999年在其《以自由看待发展》一书中打破传统理念，将贫困界定为是最基本可行能力的剥夺和机会的丧失，而不仅仅是收入的低下，并在此基础上提出了"能力贫困理论"（capability poverty）。阿玛蒂亚·森认为"可行能力"（capability）是指此人有可能实现的，各种可能的功能性活动组合。因此，可行能力是一种实现各种可能的功能性活动组合的实质自由，也可以说是实现各种不同的生活方式的自由，反映了一个人在各种生活中进行选择的自由。这种可行能力来源

第2章 概念界定与理论基础

于个体对社会资源的拥有程度，以及使用这些资源的能力，是我们实现自身物质和精神需求的根本保障。

他认为从"可行能力"视角来分析贫困现象比单一的从低收入来定义贫困更为现实和合理。并从三个层面予以解释：①"收入低下"只是具有工具性意义，而"可行能力"关注的是实质自由的剥夺。②"收入低下"的工具性并不是生产人唯一工具，还有其他一些因素会导致能力被剥夺。③低收入在一定意义上可能会导致低可行能力，但是这会随着环境、个体的改变而有所变化，这是有条件的。

阿玛蒂亚·森"能力贫困理论"在界定了"可行能力"的基础上，详细的分析了贫困人群收入和可行能力之间的关系。认为收入是获得可行能力的基本手段，贫困地区人群只有在保证收入有所增长时，才有可能增加其参与社会生产的机会和能力；同时当贫困人口的可行能力得到提升时，相应的也会使其获得更高水平的收入，这二者之间是相互作用，相互促进的。

该理论的核心在于改变了以往的贫困视角，从"可行能力"的角度去研究贫困问题，通过能力参数来测量人们的生活质量，考察个人参与社会生产、解决自身需求、实现自我价值的实际能力。并且在《作为能力剥夺的贫困》一书中就如何提高贫困者的"可行能力"作出了详细的解释，认为教育作为一种基本能力，其被剥夺与否，直接关系到贫困者能力的培养以及生活质量的提高，并提倡教育公平，让贫困者能够通过教育途径提高个人获得更多收入及摆脱贫困的能力。阿玛蒂亚·森的能力贫困理论加深了人们对贫困的认识，为世界反贫困事业做出了不可磨灭的贡献，同时也为知识扶贫模式提供了一定的理论基础。

阿玛蒂亚·森长期研究发展经济学，对独立经济学和社会选择理论具有重要贡献。森通过构建以自由、能力和功能为核心的能力方法框架，研究如何通过各种手段、外部环境来增进人的能力。该理论的核心思想是通过用可行能力评价人的生活质量来实现人的自由发展，主要分为功能性活动、可行能力和自由三个方面。森认为生活是由系列功能性活动组成，每完成一个功能性活动，就用一个功能性活动向量表示，最终形成功能性活动向量集，该集合反映了实际成就即生活水准。这种评价方法与古典经济学相比，更加多元性。

森的可行能力理论关注的焦点是人们的生活，与以往只关注生活手段相比，该理论更加实际。森认为，传统经济学家认为偏好决定人们行为的思想已经过时，支配人们行为的是如何使人们获得更多福利。森认为能力的实现需要内外因共同发挥作用，物品到功能再到能力的转化需要经历多个环节，而每个环节都会影响转化效率，且物品在环境、制度等中间环节可能存在差异，能力方法对这些中间环节差异的适应和应对非常重要。

2. 林毅夫的自生能力理论

1999年，林毅夫在《美国经济评论》撰文，从微观层面上提出了自生能力理论，自身能力是根据一个正常经营的企业的预期获利能力来定义的。这一理论的提出主要是用来解释主流经济学家所提倡的"休克疗法"在俄罗斯和东欧国家的失败，而他们不看好的中国"渐进式双轨制"改革取得了巨大的成功。该理论通过修正新古典经济学关于企业具有自生能力的暗含前提，将比较优势与企业自生能力联系起来，进一步解释了发展中国家的经济发展为什么应该采用比较优势战略。认为在自由的市场经济条件下，企业具有自生能力。企业只要能够在自由的市场竞争中，以正常的经营管理，在没有外部扶持的情况下，获得市场上普遍接受的正常利润，那么这个企业就是有自生能力的。

在发达的市场经济中假定企业具备自生能力是合适的，因为发达的市场经济国家中的政府，除了很特殊的产业中的企业外，一般不会给予企业补贴和保护。一个企业如果在正常管理下，大家不预期它会赚得市场上可以接受的正常利润，那么根本不会有人投资建立这样的企业。即使因为错误的信息建立起来，投资者也会投票其垮台。所以，在开放、竞争的市场上存在的企业，应该都是具有自生能力的，也就是，只要有正常的管理就应该预期能够赚得正常的利润。既然如此，发达国家主流的经济学用它作为暗含前提来构建理论模型是合适的。

但是，在转型经济和发展中国家，很多企业是不具备自生能力的，也就是即使有了正常的管理，在竞争的市场中也无法获得大家可以接受的预期利润率。这主要和这个企业所在的产业、所生产的产品以及所用的技术是否与这个国家的要素禀赋结构所决定的比较优势是否一致有关。如果一个企业所在的产业、所生产的产品和国外在该产品生产上具有比较优势的国家的产品相比，价格将会较高，除非政府给予保护，否则在开放、竞争的市场上这个企业就不可能生存。

综上所述，发达国家经济发展较好，其市场经济体制相应也较为健全，因此发达国家的企业可以认为是有自生能力的。而中国是发展中国家，其市场经济发展尚不完善，因此国有企业在改革时首先应该注重的就是培育并提升企业的自生能力。林毅夫还提出企业利润除了受企业经营管理水平的影响，还与企业的产业选择与技术发展水平息息相关。林毅夫还提出企业利润除了受企业经营管理水平的影响，还与企业的产业选择与技术发展水平息息相关。

第3章

新疆连片特困区特殊性分析

3.1 新疆连片特困区基本发展情况

新疆连片特困区位于新疆西南部，区内包括克孜勒苏柯尔克孜自治州、喀什地区和和田地区，面积48.22万平方公里，占新疆总面积的29.1%，新疆连片特困区与印度、巴基斯坦、阿富汗、塔吉克斯坦和吉尔吉斯斯坦五国接壤，边境线长达2 335公里，占新疆边境线的41.7%，是我国西部重要的边防屏障，也是我国与中亚连接的重要通道。

改革开放以来，随着我国对扶贫开发的重视以及西部大开发、对口援疆等项目的实施，新疆连片特困区的贫困现象得到了极大改善，人民生活水平显著提高，各项基础设施建设也在有序进行。但是新疆连片特困区整体发展水平与全国其他地区相比仍然差异较大，落后与贫困仍是该区域在经济社会发展中面临的主要问题，加大对该区域的扶贫力度，促进区域发展仍是今后的主要任务，新疆连片特困区正处于历史发展的重要时期。

第3章 新疆连片特困区特殊性分析

3.1.1 经济发展方面

新疆连片特困区国内生产总值从2000年的110.53亿元增长到2015年的1 114.2亿元,增长了10.08倍,年均增长17%;人均国内生产总值从2 021.7元增长到15 017.18元,增长了7.43倍,年均增长14%;公共财政预算收入从2000年的5.49亿元增长到2015年的86.95亿元,增长了15.84倍,年均增长35%;全社会固定资产投资额从21.5亿元增长到1 372.13亿元,增长了63.82倍,年均增长32%。

从经济指标来看,自西部大开发实施以来,新疆连片特困区经济实力不断提升,经济总量稳步增长,但是与新疆总体水平相比,仍有较大差距,新疆连片特困区经济发展仍存在诸多问题。新疆连片特困区国内生产总值占新疆国内生产总值的比重2000年为8.11%,2015年为11.95%;人均国内生产总值比重2000年为27.42%,2015年为38%;公共财政预算收入比重2000年为6.94%,2015年为14.71%;固定资产投资比重2000年为2.09%,2015年为14.43%。值得注意的是,新疆连片特困区面积占全疆面积的26.6%,在如此大的面积上创造出的经济财富却是有限的,因此新疆连片特困区经济发展仍处于较为落后的状态。

新疆连片特困区产业结构不合理,产业层次低,农业在该区域地位占较大比例。2015年,南疆三地州三次产业结构比例为27∶27∶46,第一产业和第二产业占比逐步追平,第三产业占比虚高。农业是片区的主导产业,农业生产仍以传统的低层次平面垦殖方式为主,主要经营种植业和养殖业,农牧业生产技术落后,抵御自然灾害的能力差,发展后劲不足。第二、第三产业发展相对滞后,不能将农村富余劳动力进行及时有效转移,片区内失业和半失业现象较为严重。工业发展水平较低,处于发展初级阶段,是典型的资源依赖型产业,主要生产附加值较低的初级产品。服务业发展滞后，存在虚高度化现象，现代服务业发展缓慢，城镇化水平低，缺乏具有辐射带动作用的中心城市。新疆连片特困区城乡居民收入水平较低，从而导致区域内居民生活质量低下、住房紧缺、教育普及率低、地方性疾病高发、医疗保障水平低等问题。

3.1.2 自然资源方面

新疆连片特困区地域辽阔，物产丰富。新疆素有"三山夹两盆"的地形特征，从北向南依次是阿尔泰山、天山和喀喇昆仑山，这三座山将新疆分为南北两部分，北部是准噶尔盆地，面积约38万平方公里，南部为塔里木盆地，面积约53万平方公里。一般天山以南地区被称为南疆，天山以北地区被称为北疆，而哈密、吐鲁番盆地则为东疆。新疆连片特困区就坐落在中国最大的盆地塔里木盆地上，塔克拉玛干沙漠坐落在盆地中部，面积约32.4万平方公里，是中国最大、世界第二大流动性沙漠。

克孜勒苏柯尔克孜自治州地处天山南麓与昆仑山北坡之间，境内分布有平原和盆地，是主要的农牧业区，境内沟壑交错、河流纵横，分布有七大水系和100余条大小河流，地表水年径流量占全疆的10%，地下水储量也十分丰富，水能资源居新疆连片特困区之首。位于亚欧大陆中心，属于暖温带大陆气候，光热资源充足，一年仅有冷暖之分，极利于发展种植业、林果业和园艺业。境内具有丰富的牧草资源、中草药资源和野生动物资源。矿产资源种类多，截至目前已发现矿种69种，矿产地457处。克孜勒苏柯尔克孜自治州位于古丝绸之路必经之地，荟萃中西文化，境内文化古迹众多，还有诸多自然景观区，旅游资源十分丰富。

喀什地区三面环山，北有天山南脉，西有帕米尔高原，南依喀喇昆仑山，东部为塔克拉玛干沙漠，叶尔羌河、喀什噶尔河冲积平原镶嵌境内。喀什地区水系受地貌特征、地域降水的影响，形成5大河流、3条短程河，且均为融补型河流。地下水储量为50亿~60亿立方米，地下水径流主要依靠洪积扇、冲积扇补给，各大河流渗漏现象严重，渗漏量约占河水总量的30%以上。喀什地区深处亚欧大陆腹地，为暖温带大陆性干旱气候，区内四季分明，光热资源充足。植物资源有高山植被、平原绿洲植被、荒漠植被、沼泽植被等，充足的光热资源适宜果树生长，区内有药物、家畜和野生动物。矿产资源充足，已发现矿种67种，矿产地224处。

和田地区南枕昆仑山，与西藏自治区接壤，北临塔克拉玛干沙漠，东部与巴音郭楞蒙古自治州接壤，西与喀什地区相邻，西南以喀喇昆仑山为界，与克什米尔相接。因帕米尔高原和天山伫立于和田西、北，冷空气不易进入，昆仑山、喀喇昆仑山阻挡暖湿气流，形成暖温带极端干旱的荒漠气候，独特的地理位置使和田成为仅次于青藏高原的年辐射量巨大、光能资源丰富的地区，而且和田地区是新疆最温暖的地区之一，有利的光热资源使其区内果树、蔬菜品质好，产量高，也利于野生植物的生长，多为牧草饲用植物。和田地区是较为典型的内陆干旱区，境内河流多为内陆河，地表径流补给主要依靠冰川积雪融化和高山降水，故河流径流量的年际变化大，受地质影响，地下水下渗速度快，下渗量大。和田自古就是农业区，农业发展较为先进，是典型的绿洲经济区，林业资源丰富，有利于生态环境的保护。区域内以农为主，农牧结合，有丰富的草场，以饲养家畜为主。和田地区具有丰富的矿产资源，已发现矿种61种，产地250余处。

3.1.3 社会发展方面

随着西部大开发政策的全面开展，国家高度重视西部地区科技、教育、文化、卫生等社会事业的发展，投入大量资金对其发展予以扶持，新疆连片特困区社会事业发展水平显著提高，但与全国乃至全疆平均水平相比，发展仍相对落后。

基础设施薄弱是新疆连片特困区长久以来贫困的重要原因。片区基础设施建设落后，"瓶颈"制约严重，缺乏发展后劲。新疆连片特困区基础设施建设具有起点低、底子薄、历史欠账多等特点，区域内水利、交通、电力和通信等基础设施建设十分薄弱，远不能满足人民需求和社会发展的需要，原有水利设施多年久失修，抵御自然灾害能力不足，春季抗旱，夏季防汛，形成脱贫与返贫循环的局面。交通设施建设严重滞后，新疆连片特困区目前只有一条单线的铁路贯穿，公路路网密度低，农村公路等级低，通达深度、通畅率低，远不能满足日益发展的交通运输业的需求。

新疆连片特困区教育水平低，劳动者素质差，人才极度匮乏。据有关统计资料显示，新疆连片特困区居民平均受教育年限低于7年，劳动者整体素质尤其是农村劳动力素质较低。贫困人口居住相对分散，而且大都位于偏僻地方，周边办学条件相对较差，贫困人口中适龄儿童失学、辍学现象依旧存在。区内农牧民科技文化涵养低，文盲、半文盲率较高，素质性脱贫难度较大，而且因劳动力素质差、当地人才匮乏，农业科技推广水平较低，严重影响片区经济社会的发展与扶贫事业的进展，人才总量不足和结构性矛盾等问题依然突出。

新疆连片特困区卫生、文化、体育等事业发展滞后，基本公共服务严重不足。医疗卫生设施落后，医疗资源分布不均，卫生技术人员严重缺失，贫困地区政府提供的基本医疗服务极其有限，贫困地区农民难以负担医疗费用，看病、就医、用药等仍是困扰贫困人口的重要问题。贫困地区地方病高发，贫困人口一旦生病极易返贫。文化体育及广播电视事业基础设施落后，仍有部分地区看不上电视。社会就业和再就业形势险峻，社会保险覆盖面窄，覆盖率低，应急体系不健全，社会救助匮乏等都是该地区因灾、因病返贫的重要因素。

新疆连片特困区社会文化不发达，思想观念落后。新疆连片特困区历史文化悠久，是重要的民族聚居区，积淀着丰富的文化资源，但

第3章 新疆连片特困区特殊性分析

是该区域环境相对封闭，活动范围狭小，人文背景特殊，人口缺乏流动性，区内居民生产和生活方式多年来也鲜有变化，先进的科学文化和社会信息传播有限。传统思想观念深入人心，一时之间难以改变，形成自我封闭意识，区域内"小富即安"、宗教观念盛行，对文明、健康向上的精神文化的形成阻碍严重，且片区存在着依赖国家救济的惰性，对于片区发展极其不利。

3.2 新疆连片特困区的特殊性分析

3.2.1 民族性

新疆连片特困区地处祖国西北边陲，是典型的"少、边、穷"地区，地域广阔，面积48.22万平方公里，占新疆总面积的29.1%。辖24个县（市），19个国家扶贫开发重点县（市），5个扶贫开发比照县（市）。片区贫困涉及的范围广、人口多，是我国2020年全面建成小康社会目标的短板。

2015年底，新疆连片特困区总人口741.96万人，占全区总人口的31.43%。少数民族人口701.36万人，其中维吾尔族人口677.78万人，占少数民族人口的96.6%，是典型的少数民族聚居区，以维吾尔族为主。少数民族群众有其独特的风俗习惯、宗教信仰，片区汉语普及率低，当地群众普遍文化程度低，对新兴文化和技术的进入存在抵触情绪，阻碍片区发展步伐。当今农村，外出务工成为缓解当地贫困的重要选择，一方面，外出务工收入已成为贫困地区农户的主要收入来源之一；另一方面，外出务工收入水平远高于当地收入。但是新疆连片特困区作为少数民族聚居区，存在语言、生活饮食习惯、素质能力等问题，当地劳动力无法向内地省份那样依靠外出务工增加收入，只能留在当地，造成巨大的就业压力和人口资源承载压力。

3.2.2 生态脆弱性

新疆连片特困区深处亚欧大陆腹地，常年干旱少雨，毗邻塔克拉玛干沙漠，近年来，生态环境进一步恶化，沙进人退现象时有发生，水资源相对稀缺，地下水渗漏严重，河流多为冰川积雪融水，河水径流量季节性变化大。光热资源充足，但是高温缺水的气候条件造成只有少数耐高温耐旱的植物才能正常生存，因此物种种类相对较少，种群等级较为落后。片区天气多变，多大风、沙尘天气，干旱、盐碱、干热风、冰雹、洪水等灾害时有发生，自然环境相对恶劣，对农业影响较大。片区居民多以农牧业为生，农业仍是片区的主导产业，恶劣的气候条件通过影响农业最终影响人们的收入，使得片区居民脱贫难度进一步加大。

3.2.3 封闭性

新疆连片特困区坐落在戈壁和沙漠上，人们逐水而居，片区面积广阔，城与城之间距离遥远，交通通达性差，铁路线路少，公路距离遥远，质量低，航空运行成本高，限制当地运输业发展，从而阻碍了当地经济发展。另外，与中心城市距离遥远，人们出行不便，生活条件艰苦等造成人才大量流失以及引进人才难度增大，人力资本匮乏也是造成片区贫困的重要因素。片区具有丰富的资源，但是由于其落后的生产技术、不健全的基础设施建设以及匮乏的专业对口人才，难以将资源转化为经济收益，生产多处于低级阶段，也在一定程度上加剧了当地贫困。

3.2.4 边境性

新疆连片特困区地处祖国西部，克孜勒苏柯尔克孜自治州与吉尔吉斯斯坦、塔吉克斯坦接壤，边境线长1 195千米；喀什地区与吉尔吉斯斯坦、阿富汗、巴基斯坦接壤，边境线长888千米；和田地区与印度、巴基斯坦相接，边境线长210千米。片区周边环境复杂，"东伊运"等境外恐怖主义势力盘踞在阿富汗和巴基斯坦边境，因此，新疆连片特困区是反恐维稳的难点地区，更是我国西部重要的安全屏障，解决新疆连片特困区的贫困问题对保护祖国安全、维护边疆稳定至关重要。

中亚五国是中国重要的能源进口国，与中国有诸多贸易往来，中国与中亚五国建立友好关系对于我国能源安全以及经济发展至关重要，新疆连片特困区作为中国与中亚国家相连的桥头堡，解决贫困问题有利于更好地与中亚国家合作并与其形成互帮互助的良好关系。新疆连片特困区位于丝绸之路经济带上，丝绸之路经济带的建设作为一个伟大的宏观构想，其上任何一个环节发展不好都会影响整体发展的进程，因此尽快解决新疆连片特困区的贫困问题，对于响应国家丝绸之路经济带建设的号召并推动其发展具有重要意义。

3.2.5 贫困性

新疆连片特困区2015年底总人口741.95万人，占全国总人口的0.51%，其中乡村人口558.37万人；面积48.22万平方公里，占全国总面积的5.02%；国内生产总值1 114.2亿元，占全国总量的0.16%；人均国内生产总值15 017.18元，占全国的30.11%；农牧民人均纯收入6 538元，占全国的60.84%；公共财政预算收入86.95亿元，占全国的0.06%；全社会固定资产投资额1 372.13亿元，占全国的0.24%。可见新疆连片特困区地广人稀，经济发展落后，所创造的经济价值有限，从而抑制当地进一步发展的步伐。

新疆连片特困区是我国贫困较为严重的区域之一，辖24个县（市），19个国家扶贫开发重点县（市），贫困人口数266万人，是新疆贫困总人口数的81%，贫困发生率55%，是国家贫困发生率5.7%的9.6倍。片区因文化、环境等多种原因，当地人口贫困程度极深，传染病较多、医疗条件较差，因病致贫、因病返贫的家庭不在少数。当地传统观念深入人心，且缺乏先进的知识和技术，就业机会相对较少，待业人员因文化水平低、专业技能差，难以满足岗位需求，造成就业供需不均衡，而且片区贫困代际传递性强，也在一定程度上加剧了片区的贫困。

3.3 新疆连片特困区面临的机遇与挑战

3.3.1 新疆连片特困区面临的机遇

1. 国家将新疆连片特困区作为扶贫攻坚的主战场之一

《中国农村扶贫开发纲要（2011~2020年)》明确指出，将新疆连片特困区作为未来十年扶贫攻坚的主战场之一，在国家的指导下，以县为单位实施扶贫攻坚工程。国家将南疆三地州规定为新疆连片特困区，在接下来的十年进一步加大扶贫力度，在资金、项目、政策等方面向新疆连片特困区倾斜，必能推进新疆连片特困区早日摆脱贫困局面，推动其经济社会发展。

2. 中央政府的特殊扶持政策

中共中央高度重视新疆连片特困区的发展，针对该区域的实际情况制定了一系列的特殊扶持政策。2007年国务院颁发了《关于进一步促进新疆社会发展的若干意见》；2010年中央新疆工作座谈会顺利召开，新疆进入大建设、大开发、大发展的新时期、新阶段，国家颁布了《关于推进新疆跨越式发展和长治久安的意见》；随着新一轮西部大开发工作的开展，中央的高度关注和特殊扶持对新疆连片特困区的发展和建设提供了强有力的政策支撑和资金保障。

3. 新一轮对口援疆工作的顺利开展

2017年7月9日，第六次全国对口支援新疆工作会议根据根据新疆新形势下社会发展等多方面的要求，在总结前阶段19省市对口援疆经验的基础上，进一步强调今后一个时期将继续着重围绕产业援疆、教育援疆、干部援疆、人才援疆、科技援疆。新疆连片特困区乃至整个新疆迎来其发展的新高潮。新一轮对口援疆工作的展开，极大地推动了新疆连片特困区早日摆脱贫困局面。

4. "访民情、惠民生、聚民心"深入贫困最前线

"三民"活动的开展极大地增进了贫困地区的发展，脱贫帮困也是"三民"活动重要的内容之一，让党员干部更加了解基层，也让基层百姓更了解和更充分地享受到了党的惠民政策。这是一项利国利民的活动，应该长期坚持下去。

5. 丝绸之路经济带建设和中巴经济走廊

2017年党的十九大召开前夕，新疆维吾尔自治区党委和人民政府颁布《贯彻落实习近平总书记重要讲话精神加快推进丝绸之路经济带核心区建设的意见》（以下简称《意见》），《意见》重点围绕核心区体制机制建设、总体建设规划和重点任务提出了2018~2020年如何建设好核心区的14项重点任务。该《意见》必将为推动新疆连片特困区的经济社会发展提供巨大发展动力。而2018年1月底中巴经济走廊瓜达尔自由区的即将开园将打通我国西部出海口，一方面推动我国企业走出去，化解过剩产能；另一方面必将推动南疆连片特困区的进出口贸易额，提升新疆连片特困区经济发展质量和速度，实现经济结构优化和转型升级。

6. 浓厚的全民扶贫氛围

近年来，人们收入水平和文化程度显著提高，越来越多的人投身公益事业，相当数量的企业、组织和个人也加入到我国的扶贫事业，积极开展"户帮户、一扶一"结对帮扶、"扶贫济困日"等活动，为扶贫事业搭建新的平台和方法，形成全社会关注、帮扶的大好形势。在社会爱心人士的调动下，使更多的人参与到扶贫事业中，形成贫困地区脱贫的长效机制，为贫困地区发展营造良好氛围，集全社会之力解决贫困问题。

3.3.2 新疆连片特困区面临的挑战

1. 缺乏完善的"片区扶贫攻坚与区域发展"的理论指导和经验借鉴

将连片特困区作为扶贫攻坚的主战场，实现"区域发展带动扶贫开发，扶贫开发促进区域发展"是中国扶贫开发理论体制及方式的创新。但是，在研究过程中，连片特困区贫困的成因、特点以及扶贫与发展的关系等，因不同区域各有其特点，故尚没有完整的理论指导，连片特困区的扶贫与以往扶贫相比，因其范围广、贫困程度深、维度大等，扶贫任务更加艰巨。自我发展能力是一个中国化的概念，目前也没有形成系统的理论体系。因此，新疆连片特困区自我发展能力的提升面临着理论缺乏的考验。国家将武陵山片区作为片区扶贫先试先行的区域，可以对新疆连片特困区的发展提供借鉴，但由于其实行时间短,成果尚未见效,而且不同片区的贫困特点不同,所以新疆连片特困区的扶贫仍然需要"摸着石头过河",在探索和试错中前进。

2. 新疆连片特困区深陷贫困陷阱,常规扶贫手段难以奏效

因自然、历史、民族、政治等多方面原因,新疆连片特困区多年来深陷贫困陷阱,形成了贫困程度深、贫困范围广、扶贫难度大等特点,一般的经济增长已经无法带动区域发展,在连片特困区的扶贫过程中应注重扶贫手段的创新,不能沿用传统的扶贫手段。因此,新时期新疆连片特困区要想改变贫困局面,从贫困陷阱中跳出来,就必须创造性地提出符合本区域发展的扶贫方针。一方面,应大力培育提升片区的自我发展能力,一个区域要想长足发展,就要培育自身的"造血"功能,合理整合片区资源并创造经济效益;另一方面,在提升自我发展能力的同时,不完全依赖外部扶持力量,也不完全否认外部扶持力量,合理处理外力和内力的关系,使二者更好地发挥作用。

3. 片区群众意识落后,扶贫政策落实困难

新疆连片特困区是典型的少数民族聚居区,宗教信仰和风俗习惯根深蒂固,视野相对较窄,对新鲜事物存在抵触情绪、畏难情绪,新的扶贫政策、扶贫技术如何得到群众信服、让群众愿意接受是扶贫工作开展过程中面临的主要挑战。国家系列扶贫开发政策实施以来,片区基础设施显著改善,居民生活水平有所提高,但片区居民普遍文化程度较低,对自我发展能力认识不足,过去国家扶贫政策以"输血式"为主,部分贫困群众等、要、靠心理严重,对国家救济严重依赖,主观脱贫愿较差,缺乏对自我发展能力的深刻认识,对扶贫政策不配合、不落实,也是在扶贫工作中面临的严峻挑战。

3.4 本章小结

新疆连片特困区位于我国西北边陲，少数民族人口众多，对国家安全和社会稳定具有重要战略意义。与其他连片特困区相比，片区地域广阔、少数民族人口众多，自然条件恶劣，交通不便，人才匮乏，地理位置特殊，贫困程度深。片区的发展面临着前所未有的机遇与挑战，因此片区在未来发展过程中，应抓住机遇，克服挑战，使片区迎来更好的发展前景。

第 4 章

新疆连片特困区少数民族农户自我发展能力测评与分析

新疆连片特殊困难地区呈现出多民族、多文化、多语言、多宗教共生共存的社会特点，使得贫困问题兼具边境性、特困性、民族性等多重特征。贫困问题更加复杂和多样，使得单一通过收入维度来衡量该地区的贫困程度及少数民族农户自我发展能力已不足以全面、准确地反映该区域贫困人口所处的真实情况。因此，通过多维贫困来反映少数民族农户自我发展能力成为更好的选择。

哈根纳斯（Hagenaars，1987）构建了首个包含收入和闲暇两个维度的多维贫困指数。1990年美国联合国计划署（UNDP）采用人类发展指数（HDI）作为多维贫困测量指数，其包括长寿而健康的生活、教育、好的生活水平三个维度。森（Sen，1992）在福利经济学基础上创立了多维贫困理论，用能力方法定义贫困，认为贫困是对人的基本可行能力的剥夺，除收入维度外，还应包括交通、饮水、卫生设施等其他贫困维度，并将多维贫困划分为收入贫困、能力贫困、社会排斥贫困和参与性不足贫困四个方面。切利和莱密（Cheli & Lemmi，1995）基于完全模糊和相对的方法（TFR）来构建多维贫困指数。1997年联合国开发计划署采用人类贫困指数（HPI）来反映人们寿命、读写能力和生活水平三个基本能力方面的贫困。蔡（Tsui，2002）和查克拉瓦蒂（Chakravarty，2003）致力于基于公理化方法的多维贫困测算,并给出了 Ch-M、F-M 和 W-M 等多维贫困指数及函数式。德施和希伯(Deutsch & Silber,2005)利用公理化的方法将 Watts 单位贫困指数扩展为 Watts 多维贫困指数。马索米和卢高(Maasoumi & Lugo,2008)在信息理论的基础上推导出多维贫困的测度公式。阿尔基尔和福斯特(Alkire & Foster,2007,2008,2009,2011)提出了对多维贫困的识别、加总和分解方法,给出了 Alkire-Foster 多维贫困测量方法(简称"AF 法")的一般模型,相比早期多维贫困测量指数更加科学和细致,其在国际上得到了广泛的使用,比如联合国开发计划署《2010 年人类发展报告》(HDR)利用 AF 测量方法测算了 104 个国家的多维贫困指数(MPI),《2011 年人类发展报告》(HDR)进一步提供了 109 个国家的一个多维贫困估计。

目前国内对多维贫困的研究逐渐增多起来。尚卫平、姚智谋(2005)初步探讨了多维贫困测度指标的性质,并进行了国家间贫困程度的比较分析。王小林、阿尔基尔(Sabina Alkire,2009)采用 AF 多维贫困测量方法对中国城市和农村家庭多维贫困进行了测量。叶初升(2010,2011)梳理了多维贫困及其度量研究的最新进展,并利用完全模糊方法重新评估了扶贫政策的瞄准效率。邹薇(2011,2012)基于"能力"方法的视角,分析了我国现阶段能力贫困的状况,对中国的贫困状况进行了动态多维度考察。高艳云(2012)利用 CHNS 数据对近十年来中国城乡多维贫困进行了测度、分解及分析。郭建宇、吴国宝(2012)通过调整多维贫困测量指标、指标取值和权重,考察其对多维贫困估计结果的影响。李俊杰、李海鹏(2013)探究了民族地区农户的贫困维度分布情况。石智雷、邹蔚然(2013)从丹江口库区农户的当前消费水平、长期资本积累和可持续性发展水平三个角度分析了库区农户的贫困状况。王素霞、王小林(2013)将资产维度纳入了多维贫困分析框架及测量,拓展了多维贫困指数的维度。高艳云、马瑜(2013)在多维视角下揭示什么样的家庭容易慢性贫困,什么样的家庭不容易贫困。张全红、周强(2014)对多维贫困测量方法进行了介绍及述评,测算了各省的 MPI 多维贫困指数,并考察了中国多维贫困的动态变化。洪兴建、齐宁林(2014)用多维贫困指数对五个调查年度的农村家庭数据进行实证分析。袁媛、王仰麟等(2014)构建了河北县域贫困度多维评价指标体系。杨龙、徐伍达等(2014)测量了西藏作为特殊集中连片贫困区域的多维贫困。

综观前人的研究,以往研究大都是对全国样本数据的研究,很少将研究重点放到我国的集中连片特殊困难地区,这就很难得到有针对性的研究结论。本部分拟通过对新疆连片特困区少数民族农户多维贫困的研究,反映该连片特困区少数民族农户自我发展能力的真实情况,一方面为本地区的扶贫开发工作提供政策参考;另一方面也是对我国连片特困区相关研究的补充。

4.1 AF 测算方法

第一步,各维度取值

$M^{n,d}$ 为一个 $n \times d$ 维矩阵,且 $x_{ij} \in M^{n,d}$,$i=1, 2, \cdots, n$;$j=1, 2, \cdots, d$,x_{ij} 代表第 i 个调查户在维度 j 上的取值,即行向量表示第 i 个调查户在所有维度上的取值,而列向量表示在第 j 维度上各调查户的取值。

$$M^{n,d} = \begin{bmatrix} x_{11} & x_{12} & \cdots & x_{1d} \\ x_{21} & x_{22} & \cdots & x_{2d} \\ \vdots & \vdots & \ddots & \vdots \\ x_{n1} & x_{n2} & \cdots & x_{nd} \end{bmatrix}$$

第二步,贫困识别

1. 单维度识别

对每一个维度 j，设立贫困标准 $Z_j(Z_j>0)$，作为第 j 个维度被剥夺的临界值，亦即维度 j 上的贫困线。同时，定义一个剥夺矩阵 $G^0(g_{ij}^0 \in G^0)$，且当 $x_{ij}<z_j$ 时 $g_{ij}^0=1$，当 $x_{ij} \geq z_j$ 时 $g_{ij}^0=0$。例如，定义家庭人均纯收入的临界值 Z_j 是 2 300 元，若某调查户 i 家庭人均纯收入为 3 000 元，则 $g_{ij}^0=0$，若为 2 000 元，则 $g_{ij}^0=1$。

$$G^0 = \begin{bmatrix} g_{11}^0 & g_{12}^0 & \cdots & g_{1d}^0 \\ g_{21}^0 & g_{22}^0 & \cdots & g_{2d}^0 \\ \vdots & \vdots & \ddots & \vdots \\ g_{n1}^0 & g_{n2}^0 & \cdots & g_{nd}^0 \end{bmatrix} \quad 其中，g_{ij}^0 = \begin{cases} 1, & x_{ij} < z_j \\ 0, & x_{ij} \geq z_j \end{cases}$$

2. 多维度识别

令 W_j 为权重（$\sum_{j=1}^{d} w_j = 1$），获得加权一维贫困剥夺矩阵 $\tilde{G}^0$。

$$\tilde{G}^0 = \begin{bmatrix} w_1 g_{11}^0 & w_2 g_{12}^0 & \cdots & w_d g_{1d}^0 \\ w_1 g_{21}^0 & w_2 g_{22}^0 & \cdots & w_d g_{2d}^0 \\ \vdots & \vdots & \ddots & \vdots \\ w_1 g_{n1}^0 & w_2 g_{n2}^0 & \cdots & w_d g_{nd}^0 \end{bmatrix} = \begin{bmatrix} \tilde{g}_{11}^0 & \tilde{g}_{12}^0 & \cdots & \tilde{g}_{1d}^0 \\ \tilde{g}_{21}^0 & \tilde{g}_{22}^0 & \cdots & \tilde{g}_{2d}^0 \\ \vdots & \vdots & \ddots & \vdots \\ \tilde{g}_{n1}^0 & \tilde{g}_{n2}^0 & \cdots & \tilde{g}_{nd}^0 \end{bmatrix}$$

定义能力贫困剥夺矩阵 C^0，设定被剥夺维度 k，k = 1，2，…，d。若 $\sum_{j=1}^{d} \tilde{g}_{ij}^0 \geq k$，表示调查户 i 至少在 k 维上贫困，此时，$c_{ik}^0(k) = \sum_{j=1}^{d} \tilde{g}_{ij}^0$。反之，调查户 i 不是能力贫困户，$c_{ik}^0(k) = 0$。2011 年《人类发展报告》（HDR）将能力贫困划分为两类：一类是当一个家庭的能力贫困剥夺分值大于 1/3（0.33）时，即确定其为能力贫困家庭；另一类是当一个家庭的能力贫困剥夺分值大于 1/2（0.5）时，即确定其为多维重度贫困家庭。笔者进一步将贫困剥夺分值超过 2/3（0.66）的家庭定义为多维极端贫困家庭。此外，由于《人类发展报告》等

第4章　新疆连片特困区少数民族农户自我发展能力测评与分析

国内外主要研究中仍使用相等权重，本书也采取等权重方法。

$$C^0 = \begin{bmatrix} c_{11}^0(1) & c_{12}^0(2) & \cdots & c_{1d}^0(d) \\ c_{21}^0(1) & c_{22}^0(2) & \cdots & c_{2d}^0(d) \\ \vdots & \vdots & \ddots & \vdots \\ c_{n1}^0(1) & c_{n2}^0(2) & \cdots & c_{nd}^0(d) \end{bmatrix}$$

其中，$c_{ik}^0(k) = \begin{cases} \sum_{j=1}^{d} \tilde{g}_{ij}^0, & \sum_{j=1}^{d} \tilde{g}_{ij}^0 \geq k \\ 0, & \sum_{j=1}^{d} \tilde{g}_{ij}^0 < k \end{cases}$

进一步对能力贫困户数进行识别，定义能力贫困剥夺个体数矩阵 Q^0，令 $c_{ik}^0(k) > 0$ 时 $q_{ik}^0(k) = 1$；$c_{ik}^0(k) \leq 0$ 时 $q_{ik}^0(k) = 0$。

$$Q^0 = \begin{bmatrix} q_{11}^0(1) & q_{12}^0(2) & \cdots & q_{1d}^0(d) \\ q_{21}^0(1) & q_{22}^0(2) & \cdots & q_{2d}^0(d) \\ \vdots & \vdots & \ddots & \vdots \\ q_{n1}^0(1) & q_{n2}^0(2) & \cdots & q_{nd}^0(d) \end{bmatrix} \quad 其中，q_{ik}^0(k) = \begin{cases} 1, & c_{ik}^0(k) > 0 \\ 0, & c_{ik}^0(k) \leq 0 \end{cases}$$

第三步，贫困加总

在识别了每个调查户 i 在各个维度上的被剥夺情况后，需要进行维度加总，以确定能力贫困指数 M^0。$M^0 = H^0 \times A^0$，其中，H^0 表示贫困发生率，A^0 表示平均剥夺份额。在被剥夺维度设定为 k 条件下，具体计算公式如下：

$$H^0(k) = \sum_{i=1}^{n} q_{ik}^0(k)/n$$

$$A^0(k) = \sum_{i=1}^{n} c_{ik}^0(k)/[\sum_{i=1}^{n} q_{ik}^0(k) \times d]$$

$$M^0(k) = H^0(k) \times A^0(k)$$

第四步，贫困分解

能力贫困指数还具备可分解性，既可以按照时间、地区、省份、城乡等分组方式进行分解，得到不同时间、地区、省份、城乡等的能力贫困指数，又可以按照维度或指标进行分解。以按地区分解和按维度分解做以下具体说明。

若研究区域可分为不同的 R 个地区，各个地区的样本容量为 n_r，则能力贫困指数按地区分解如下：

$$M^0(k) = H^0(k) \times A^0(k) = \sum_{i=1}^{n} c_{ik}^0(k)/nd = \frac{n_1}{n}M_1^0(k) + \frac{n_2}{n}M_2^0(k) + \cdots + \frac{n_r}{n}M_R^0(k)$$

可见，能力贫困指数可以分解为各个地区能力贫困指数的加权平均，权重为不同地区的调查样本在总样本中的比重。分解后，各个地区对能力贫困指数的贡献率表示如下：

$$P_r = \frac{n_r}{n}M_R^0(k)/M^0(k)$$

若按维度分解，则有：

$$M^0(k) = \frac{\sum_{i=1}^{n} c_{ij}^0(k)}{nd} = \frac{\sum_{i=1}^{n}\sum_{j=1}^{d} \tilde{g}_{ij}^0}{nd} = \sum_{j=1}^{d} \frac{\sum_{i=1}^{n} \tilde{g}_{ij}^0}{nd}, \text{且} i \in \{i | \sum_{j=1}^{d} \tilde{g}_{ij} \geq K\}$$

式中，$\sum_{i=1}^{n} \tilde{g}_{ij}^0/nd$ 表示在维度 j 上的贫困指数，那么，维度 j 对能力贫困指数的贡献率为：

$$P_j = \frac{\sum_{i=1}^{n} \tilde{g}_{ij}/(n \times d)}{\sum_{i=1}^{n}\sum_{j=1}^{d} \tilde{g}_{ij}/(n \times d)} = \frac{\sum_{i=1}^{n} \tilde{g}_{ij}}{\sum_{i=1}^{n}\sum_{j=1}^{d} \tilde{g}_{ij}}$$

4.2 数据来源与处理

本部分所采用的数据来自 2011 年、2012 年国家统计局新疆调查总队农村住户调查数据（rural household survey），获得的调查住户信息为连续两年的样本观测点，分布于喀什地区、和田地区、克孜勒苏柯尔克孜自治州三个地州，覆盖了14个县（含6个边境县），120个自然村，共计1 200户，且全部为少数民族农户，其中43.3%的样本来自边境县。样本户全部是少数民族农户更符合我国连片特困区多是少数民族聚集区的特点，同时南疆三地州地处西北边境对研究我国边境集中连片特困地区贫困问题更具针对性和代表性，而且从国家安全角度考虑边境地区的少数民族贫困问题更应引起社会关注。

对数据的处理，坚持尽量多的保留数据信息，同时结合模型及所研究问题的要求对样本户做了相应调整。首先，能力贫困指数测算实际上是一种统计方法，对数据没有严格的限制，因此本书保留全部的样本量；其次，面板二值选择模型和面板排序模型则不同，模型对变量有严格的要求，同时回归结果的有效性也对数据质量提出了要求，通过剔除残缺值、离群值等异常值情况，面板二值选择模型保留了2 279个有效样本，样本保有率95%，最终形成了一个连续两年的非平衡面板数据，而面板排序模型在研究降低不同剥夺水平能力贫困问题时与上述模型情况一样，但是在研究能力贫困持久性时，为了考察农户能力贫困的动态变化需要使用一个平衡面板数据，经过进一步剔除不满足条件的调查户形成了一个样本空间为2 196户的平衡面板。上述模型可用观测值能够满足大样本的要求。

4.3 少数民族农户自我发展能力的动态变化与空间差异

4.3.1 农户自我发展能力测算体系

从哈根纳斯（1987）构建了首个包含收入和闲暇两个维度的多维贫困指数以来，多维贫困测量的维度及指标一直处于不断演进中。

比较有代表性的有人类发展指数（HDI）、人类贫困指数（HPI）、多维贫困指数（MPI）等。其中，多维贫困指数包括健康、教育、生活标准3个维度，具体测算指标包括营养、受教育年限、做饭燃料、耐用消费品等10个指标，是近几年国际上最具影响力的多维贫困指数，每年全球MPI都会通过联合国开发计划署《人类发展报告》向全世界颁布。但是，由于数据获得性限制，多维贫困指数并不包含收入维度。国内学者对多维贫困问题的研究也大都基于MPI，比如王小林（2009）、高艳云等（2013）、张全红（2015）等。

本书在构建能力贫困测算维度时，同样基于能力贫困指数（MPI），但有所扩展，加入了收入维度，形成了共计4个维度、11个指标的能力贫困测算体系。与国际能力贫困指数（MPI）相比，除新增收入维度外，继续沿用健康、教育、生活标准3个维度，且教育维度中的2个指标和生活标准维度中的6个指标与MPI基本保持一致，只是将健康维度中的儿童死亡率和营养指标调整为更符合中国因病致贫的疾病与就医两个指标。具体能力贫困维度及指标如表4-1所示。

表4-1　　　　　　　　能力贫困测算体系

贫困维度	编号	贫困指标	被剥夺临界值与赋值
收入	1	家庭人均纯收入	家庭人均纯收入低于2 300元，赋值1
生活水平	2	住房	家中住房为"土坯屋"或"竹草屋"，赋值1
	3	资产	耐用消费品拥有量小于两件，且家中没有汽车，赋值1
	4	饮水	饮用水水源有污染或饮水困难，赋值1
	5	卫生设施	家中无厕所，赋值1
	6	生活能源	家庭以柴草、秸秆为生活能源，赋值1
	7	电	家庭为非用电户，赋值1
教育	8	受教育年限	劳动力最高文化程度为小学程度，或者15岁以上家庭成员中有人未完成9年义务教育，赋值1
	9	辍学	家庭中有适龄孩子辍学，赋值1

第4章 新疆连片特困区少数民族农户自我发展能力测评与分析

续表

贫困维度	编号	贫困指标	被剥夺临界值与赋值
健康	10	疾病与残疾	家庭成员中有人患有重大疾病、慢性病或者有残疾人口，赋值1
	11	就医	家庭成员有病不能及时就医，赋值1

4.3.2 农户自我发展能力测算结果

不同剥夺水平下的能力贫困指数测算结果显示（见表4-2），2012年被调查农户的能力贫困程度相较2011年有所下降。以国际惯用的40%剥夺水平为例，亦即在本书设定的11个能力贫困指标中存在不少于任意4个指标维度上的贫困。2012年能力贫困发生率（H_0）为9.2%，较大程度的低于2011年31.1%的水平。能力贫困剥夺指数（A_0）则由2011年的0.465上升为2012年的0.477，说明平均剥夺份额略有上升。总体上，能力贫困指数（$M_0 = H_0 \times A_0$）由2011年的0.145减小为2012年的0.044，说明两年的时间里该地区能力贫困状况得到了较为明显的改善。同时，2012年共有多维贫户110户，比前一年373户少了263户，减少了70.5%。另外，多维重度贫困家庭（被剥夺水平不低于50%）由109户减小为47户，下降了56.9%，而且两年间60%及以上水平上的能力贫困家庭均少于10户，发生率小于1%，而80%被剥夺水平及以上的能力贫困家庭则没有出现，意味着多维重度贫困问题同样得到了较好的缓解。

表4-2　　　　　不同剥夺水平下的能力贫困指数

剥夺水平	能力贫困户数		贫困发生率（H_0）		贫困剥夺指数（A_0）		能力贫困指数（M_0）	
	2011年	2012年	2011年	2012年	2011年	2012年	2011年	2012年
10%剥夺水平	1 105	686	0.921	0.572	0.303	0.283	0.279	0.162

续表

剥夺水平	能力贫困户数		贫困发生率（H₀）		贫困剥夺指数（A₀）		能力贫困指数（M₀）	
	2011年	2012年	2011年	2012年	2011年	2012年	2011年	2012年
20%剥夺水平	768	519	0.640	0.433	0.365	0.324	0.234	0.140
30%剥夺水平	464	248	0.387	0.207	0.443	0.406	0.171	0.084
40%剥夺水平	373	110	0.311	0.092	0.465	0.477	0.145	0.044
50%剥夺水平	99	37	0.083	0.031	0.564	0.561	0.046	0.017
60%剥夺水平	7	8	0.006	0.007	0.667	0.667	0.004	0.004
70%剥夺水平	3	2	0.003	0.002	0.708	0.750	0.002	0.001
80%剥夺水平	0	0	0.000	0.000	—	—	0.000	0.000
90%剥夺水平	0	0	0.000	0.000	—	—	0.000	0.000
100%剥夺水平	0	0	0.000	0.000	—	—	0.000	0.000

注：$M_0 = H_0 \times A_0$。

除考察不同剥夺水平下的能力贫困变化外，还可以通过研究各个指标对能力贫困的贡献及贡献率的大小来发现具体问题。各指标对能力贫困的贡献实际上是将某一剥夺水平下的能力贫困指数按照指标进行分解，其值大小表明该指标对能力贫困的贡献程度，而贡献率即为各指标对能力贫困的贡献占该剥夺水平下能力贫困指数的份额。还是以40%剥夺水平为例。

从各个维度指标对能力贫困贡献及贡献率来看（见表4-3），收入贫困仍然是最关键的指标变量，其对能力贫困的贡献最大，贡献率达到了50%左右，也就意味着解决能力贫困问题的关键还是要首先聚焦到提高农户收入水平上。其次教育和疾病问题也较为突出，对能力贫困的贡献率达到10%左右，成为缓解少数民族农户能力贫困的重要方面。

第 4 章　新疆连片特困区少数民族农户自我发展能力测评与分析

表 4-3　　　各维度指标对能力贫困的贡献及贡献率

指标	2011 年 贡献	2011 年 贡献率	2012 年 贡献	2012 年 贡献率
家庭人均纯收入	0.075	51.992	0.020	45.274
住房	0.001	0.504	0.002	3.971
资产	0.005	3.169	0.001	2.224
饮水	0.001	0.552	0.002	4.686
卫生设施	0.000	0.000	0.000	0.000
生活能源	0.011	7.705	0.003	7.863
电	0.001	0.432	0.000	0.000
受教育年限	0.011	7.633	0.007	16.680
辍学	0.0004	0.288	0.000	0.000
疾病与残疾	0.037	25.852	0.005	11.676
就医	0.003	1.872	0.003	7.625
合计	0.145	100	0.044	100

从动态变化来看，由于能力贫困指数总体减小了，也就意味着各指标对能力贫困的贡献普遍是下降的，只有住房和饮水指标略有上升；贡献率的动态变化中疾病问题下降程度比较明显，降低了 14%，收入也下降将近 7%，但是同时出现了住房、饮水、教育和就医贡献率较大幅度上升的情况，其他指标的贡献率变动不大。

4.3.3　农户自我发展能力空间差异与动态变化

如果将连续两年能力贫困的测算结果按照地区进行分解，我们就可以得到能力贫困在不同地区间的空间分布及其动态变化。

能力贫困发生率（H_0）在不同地区间的空间差异与动态变化显示，2011 年能力贫困发生率由高到低依次是克州地区（51.7%）、和田地区（33%）和喀什地区（20.9%），能力贫困发生率都非常高，但到 2012 年明显降低，克州地区下降为 14.6%，和田地区下降为 11.5%，喀什地区下降为 5.2%。其中，克州地区能力贫困发生率下降了 37 个百分点，和田地区下降了 22 个百分点，喀什地区下降了 16 个百分点。

能力贫困指数（M_0）在不同地区间的空间差异与动态变化显示，与能力贫困发生率相同，2011 年能力贫困指数由高到低依次是克州地区（0.240）、和田地区（0.158）和喀什地区（0.095），到 2012 年排序仍为克州地区（0.068）、和田地区（0.057）和喀什地区（0.024），仅能力贫困指数均有所下降，且基本变化为同一水平程度。其中，克州地区下降了 0.172，和田地区下降了 0.101，喀什地区下降了 0.071。

总之，从能力贫困发生率和能力贫困指数空间差异与动态变化情况来看，克州地区能力贫困问题最为严重，其次为和田地区和喀什地区；各地州能力贫困程度均呈现较快的下降趋势，其中，克州地区下降速度最快，和田地区和喀什地区的能力贫困问题也得到了不同程度的缓解。整体上，到 2012 年南疆三地州能力贫困地区空间差异相较于 2011 年已经较大程度的降低，三地州能力贫困发生率均在 15% 以下，能力贫困指数都在 0.1 以下，能力贫困的空间分布趋于同一水平。

第 5 章

新疆连片特困区少数民族农户自我发展能力提升与可持续减贫

本章在第 4 章对新疆连片特困区少数民族农户自我发展能力综合测评的基础上，借助计量模型，研究如何有效提升少数民族自我发展能力，降低能力贫困水平，实现可持续性减贫。

相关研究主要是在 AF 法的基础上借助其他经济学研究方法对能力贫困尤其是能力贫困的影响因素进行了进一步的研究，如高艳云、马瑜（2013）将家庭在不同时点能力贫困状态的变动分为三种类型，并采用有序响应 Probit 模型，着重从家庭层面和区域层面来揭示什么样的家庭容易慢性贫困，什么样的家庭不容易贫困，研究认为加强教育等人力资本投资、改善人口结构、平衡地区发展差距等都是改善贫困的重要方面；高帅（2015）基于个人能力剥夺视角进行多维贫困测度，依据贫困程度将我国城乡人口划分为长期贫困、暂时贫困和非贫困三个类型，采用有序响应 Probit 模型探索贫困人口在多维贫困状态中转变的机理，发现社会地位每提高一个等级，三维、四维和五维贫困人口脱贫的可能性将分别增加 3.8%、5.3% 和 5.6%；廖娟（2015）使用收入贫困和多维贫困测量方法对残疾人贫困状况的动态特征进行了研究，并采用 Logit 模型分析了残疾对个体贫困的影响和导致残疾人贫困的因素，着重指出教育和就业是导致残疾人贫困的重要因素；高帅、毕洁颖（2016）运用 BiProbit 模型基于个人层面可行能力和主观福利感受分析农村人口多维贫困状态持续与转变，研究发现受教育程度、社会地位、区域差异、从事农业活动时间、相对收入等对农村人口持续多维贫困产生显著影响，而教育程度、年龄、户籍、相对收入、绝对收入等对农村人口陷入多维贫困产生显著影响。

但是，以往研究多是对截面数据或者混合面板数据的处理，方法也多选用 Probit 或者 Logit 模型，而本章形成了严格意义上的面板追踪数据，在方法上也采用了面板二值选择模型和面板排序模型与之相适应。同时，本章的研究既考察了影响因素对不同水平能力贫困的影响，又研究了影响因素对持久性能力贫困的影响，两个层面的研究相互呼应，这在以往研究中并不多见。此外，在影响因素的设计中充分考虑了集中连片特困地区的特征，引入了如少数民族汉语能力（社会融入）、乡村干部（社会地位）、参加专业性经济合作组织（社会网络）等指标，使得实证结果对减少集中连片特困地区的贫困、提升少数民族自我发展能力更具有政策实践意义。

5.1 少数民族农户自我发展能力的微观基础：人力资本、物质资本和社会资本

5.1.1 理论模型

1. 非线性面板回归模型

本节内容需要建立回归模型来研究那些影响因素对于提升少数民族农户自我发展能力和实现可持续性减贫有积极作用。由于所研究问题的被解释变量都是离散的，而非连续的，所以需要选择非线性回归模型，又因为数据集为面板数据，所以要建立非线性面板回归模型。

第5章 新疆连片特困区少数民族农户自我发展能力提升与可持续减贫

非线性面板回归模型主要有面板二值选择模型、面板泊松回归、面板计数模型等,结合本书的研究目标和数据特征,选择面板二值选择模型和面板排序模型来研究该问题较为恰当。

面板二值选择模型假设存在某一潜变量 y_{it}^*,本节中该隐含变量 y_{it}^* 表示农户 i 在 t 时刻的某种能力贫困状态,如果 $y_{it}^* \leq 40\%$ 能力贫困剥夺水平,那么 $y_{it} = 0$,表示农户 i 在 t 年不是能力贫困户;如果 $y_{it}^* > 40\%$ 能力贫困剥夺水平,那么 $y_{it} = 1$,表示农户 i 在 t 年是能力贫困户。模型的基本形式可以表示为:

$$y_{it}^* = x_{it}'\beta + u_i + \varepsilon_{it} \quad (i=1,\cdots,n; t=1,\cdots,T), \quad y_{it} = \begin{cases} 0 & \text{if } y_{it}^* < 40\% \\ 1 & \text{if } y_{it}^* \geq 40\% \end{cases}$$

面板排序模型与面板二值选择模型不同,被解释变量不再是简单的两个值,而是有着天然排序的一组数。对于面板排序模型,仍然存在某一潜变量 y_{it}^*,但模型的基本框架随着被解释变量的不同而发生了变化:

$$y_{it}^* = x_{it}'\beta + u_i + \varepsilon_{it} \quad (i=1,\cdots,n; t=1,\cdots,T), \quad y_{it} = \begin{cases} 0 & \text{if } y^* \leq r_0 \\ 1 & \text{if } r_0 < y_{it}^* \leq r_1 \\ 2 & \text{if } r_1 < y_{it}^* \leq r_2 \\ \cdots\cdots \\ m & \text{if } r_{m-1} \leq y_{it}^* \end{cases}$$

式中,x_{it}' 均表示解释变量,β 为参数向量,u_i 为个体效应,ε_{it} 为干扰项。

2. 理论模型构建

根据本节的研究目的需要构建三个具体模型,一个模型使用面板二值选择模型用于研究如何降低能力贫困(40%剥夺水平下),一个模型使用面板排序模型用于研究在不同剥夺水平下这些影响因素是否同样能够降低能力贫困程度,还有一个模型同样使用了面板排序模型用于研究如何有效防止持久性能力贫困,这三个模型的具体形式如下。

模型一:

$$y'_{it} = \beta_0 + \beta_{edu}Edu_{it} + \beta_{fix}Fix_{it} + \beta_{soc}Soc_{it} + \beta_x x_{it} + u_i + \varepsilon_{it}$$

$$\dot{y}_{it} = \begin{cases} 0 & \text{if } y'_{it} < 40\% \\ 1 & \text{if } y'_{it} \geqslant 40\% \end{cases}$$

模型二:

$$y''_{it} = \beta_0 + \beta_{edu}Edu_{it} + \beta_{fix}Fix_{it} + \beta_{soc}Soc_{it} + \beta_x x_{it} + u_i + \varepsilon_{it}$$

$$\ddot{y}_{it} = \begin{cases} 0 & \text{if } y''_{it} < 40\% \\ 1 & \text{if } 40\% \leqslant y''_{it} < 50\% \\ 2 & \text{if } 50\% \leqslant y''_{it} < 60\% \\ 3 & \text{if } 60\% \leqslant y''_{it} < 70\% \\ 4 & \text{if } 70\% \leqslant y''_{it} \end{cases}$$

模型三:

$$y'''_{it} = \beta_0 + \beta_{edu}Edu_{it} + \beta_{fix}Fix_{it} + \beta_{soc}Soc_{it} + \beta_x x_{it} + u_i + \varepsilon_{it}$$

$$\dddot{y}_{it} = \begin{cases} 0 & \text{if } y'''_{i2011} < 40\% \text{ and } y'''_{i2012} < 40\% \\ 1 & \text{if } 40\% \leqslant y'''_{i2011} \text{ and } 40\% \leqslant y'''_{i2012} \\ 2 & \text{if } 40\% \leqslant y'''_{i2011} \text{ and } 40\% \leqslant y'''_{i2012} \end{cases}$$

由于研究问题的侧重点不同,因而三个模型的设定也有所区别,主要表现在三个模型的被解释变量上。模型一主要解决的问题是如何降低40%剥夺水平下的能力贫困,因此被解释变量为二值选择模型,0和1分别表示i农户在t年所处的能力贫困状态,0即非能力贫困户,1即能力贫困户;模型二主要探讨各影响因素对不同能力贫困程度的差别化影响,0~4的有序组代表着i农户在t年所处的被剥夺水平,共分为非能力贫困户(数值为0)、40%~50%被剥夺水平能力贫困户(数值为1)、50%~60%被剥夺水平能力贫困户(数值为2)、60%~70%被剥夺水平(数值为3)、70%以上被剥夺水平能力贫困户(数值为4)共五组,数字越大代表该农户能力贫困问题越严重;模型三主要研究持久性能力贫困问题,借鉴拉瓦里昂(Ravallion，1988）、摩杜奇（Morduch，1994）、休密和谢泼德（Hulme & Shepherd，2003）、埃蒂格（Edig，2011）等对动态贫困划分的研究，笔者将连续两年都处于40%被剥夺水平的农户定义为慢性能力贫困户，取值2，将两年中仅有一年为能力贫困的农户定义为暂时性贫困，取值1，剩下的为非能力贫困户，取值0。

对于解释变量，三个模型选用了相同的解释变量，包括了从微观角度对减少贫困尤为重要的三个关键变量组：人力资本变量组（Edu），含初中以上受教育人数、教育费用支出（单位：千元）、农业技术培训人数、会汉语人数、健康人口数5个变量；物质资本变量（Fix），含年末固定资产原值对数（单位：万元）、人均耕地面积（单位：亩）、当年农业产量（单位：公斤）3个变量；社会资本变量（Soc），使用能够代表农户社会网络异质性（叶静怡，2012）的参加专业合作经济组织人数和代表社会地位的乡村干部2个变量来代表。还包括了家庭人口规模等家庭人口学特征变量。

此外，由于本节处理的主要是非平衡面板数据，詹里奇和萨普森（Jennrich & Sampson）认为，极大似然估计（MLE）可以对非平衡面板数据的方差组合进行估计，并可以得到一致有效估计量，因此，本节的模型使用的是最大似然估计（MLE）。本节在面板二值选择模型和面板排序模型的系数推断中还采用了Bootstrap技术，又称自助法，该方法最早由埃弗论（Efron）提出，是通过对样本有放回地重复抽样来获得置信区间，从而得到更加渐进有效的系数估计量。卡米农和特里维第（Cameron & Trivedi）建议，针对5%的显著性水平，如果使用自助法计算标准误差，迭代次数不少于400次。本节在模型中选择的迭代次数均为500次。

5.1.2 数据来源与处理

本小节所采用的数据同样来自2011年、2012年国家统计局新疆调查总队农村住户调查数据（rural household survey），但是，面板二值选择模型和面板排序模型则对变量有严格的要求，同时回归结果的有效性也对数据质量提出了更高的要求，通过剔除残缺值、离群值等异常值情况，面板二值选择模型保留了2 279个有效样本，样本保有率95%，最终形成了一个连续两年的非平衡面板数据，而面板排序模型在研究降低不同剥夺水平能力贫困问题时与上述模型情况一样，但是在研究能力贫困持久性时，为了考察农户能力贫困的动态变化需要使用一个平衡面板数据，经过进一步剔除不满足条件的调查户形成了一个样本空间为2 196户的平衡面板。上述模型可用观测值能够满足大样本的要求。

5.1.3 人力资本、物质资本和社会资本对农户自我发展能力的影响

人力资本、物质资本和社会资本对提升少数民族自我发展能力的研究主要通过两个模型来实现，一个是40%剥夺水平下的能力贫困面板二值选择模型；另一个是不同剥夺水平下的能力贫困面板排序模型，绝大多数指标在两个模式中均通过了显著性检验，并且回归结果与现实情况符合度较高，具体结果如表5-1所示。

表5-1　　　　　　　　能力贫困概率比回归结果

变量	(1) 40%剥夺水平下的能力贫困面板二值选择模型			(2) 各剥夺水平下的能力贫困面板排序模型		
	β	Exp(β)	Exp(β)−1	β	Exp(β)	Exp(β)−1
初中以上教育人数	−0.357*** (−6.77)	0.700*** (−6.77)	−0.300*** (−6.77)	−0.444*** (−6.75)	0.642*** (−6.75)	−0.358*** (−6.75)
教育费用支出	−0.311* (−1.67)	0.732* (−1.67)	−0.268* (−1.67)	−0.310 (−1.64)	0.733 (−1.64)	−0.267 (−1.64)
农业技术培训	−0.107** (−2.38)	0.898** (−2.38)	−0.102** (−2.38)	−0.107** (−2.19)	0.898** (−2.19)	−0.102** (−2.19)

第 5 章　新疆连片特困区少数民族农户自我发展能力提升与可持续减贫

续表

变量	(1) 40%剥夺水平下的能力贫困面板二值选择模型			(2) 各剥夺水平下的能力贫困面板排序模型		
	β	Exp(β)	Exp(β)−1	β	Exp(β)	Exp(β)−1
会汉语人数	−0.047 (−0.79)	0.954 (−0.79)	−0.046 (−0.79)	−0.030 (−0.46)	0.971 (−0.46)	−0.029 (−0.46)
健康人口数	0.098*** (2.66)	1.103*** (2.66)	0.103*** (2.66)	0.080** (2.11)	1.083** (2.11)	0.083** (2.11)
年末固定资产原值对数	−0.135** (−2.13)	0.873** (−2.13)	−0.127** (−2.13)	−0.140** (−2.06)	0.869** (−2.06)	−0.131** (−2.06)
人均耕地面积对数	−0.116** (−2.28)	0.890** (−2.28)	−0.110** (−2.28)	−0.142** (−2.55)	0.868** (−2.55)	−0.132** (−2.55)
农业产量对数	−0.280*** (−3.19)	0.756*** (−3.19)	−0.244*** (−3.19)	−0.299*** (−3.01)	0.741*** (−3.01)	−0.259*** (−3.01)
参加专业性经合组织人数	−1.043*** (−4.35)	0.352*** (−4.35)	−0.648*** (−4.35)	−1.040*** (−4.02)	0.353*** (−4.02)	−0.647*** (−4.02)
乡村干部户	−0.813** (−2.23)	0.443** (−2.23)	−0.557** (−2.23)	−0.847** (−2.24)	0.429** (−2.24)	−0.571** (−2.24)
家庭人口数	0.290*** (5.03)	1.336*** (5.03)	0.336*** (5.03)	0.315*** (5.18)	1.371*** (5.18)	0.371*** (5.18)
常数	1.439* (1.72)	4.217* (1.72)	3.217* (1.72)	—	—	—
样本数（户）	2 279	2 279	2 279	2 279	2 279	2 279

注：①***、**、*分别表示在1%、5%、10%水平上显著，括号内数字为Z值；②β表示系数估计量，Exp(β)为"概率比"，表示解释变量增加一单位引起概率比的变化倍数，系数推断中采用了bootstrap技术，迭代次数为500次；③个别变量使用了对数形式是为了减弱数据的波动性，缓解异方差问题。

对于40%剥夺水平下的能力贫困而言，人力资本、物质资本和社会资本变量均对农户能力贫困状况产生了显著影响。

人力资本中农户家庭每增加一人受过初中以上文化教育，能力贫困发生的概率比就会降低30%；教育费用每增加1 000元支出，能力贫困发生的概率比降低26.8%；家庭中每多一人参加农业技术培训，

新疆连片特困地区少数民族贫困农户自我发展能力提升研究

该户陷入能力贫困的概率比降低10.2%；会汉语人数这个变量虽然没有通过显著性检验，但从系数符号来看少数民族家庭中会汉语人数的增加应该对能力贫困会产生负影响；健康人口数变量回归结果与现实情况相矛盾的，可能是由于健康变量是强内生变量的缘故所造成的(Strauss J. & Thomas D., 1998)。

物质资本中年末生产性固定资产原值每增加1万元，农户能力贫困发生的概率比就降低12.7%；人均耕地每增加1亩，农户陷入能力贫困的概率比就会下降11%；而农业产量增加则会使能力贫困概率比下降28%。

社会资本中包含了两个变量，但作用却非常显著。农户家庭中每多一人参加专业性合作经济组织就可使该农户沦为能力贫困的概率比下降64.8%；而该农户家庭中有成员为乡村干部则可使能力贫困发生的概率比下降55.7%；家庭人口的增加却可使农户成为能力贫困户的概率比增加33.6%。

同时对比在不同剥夺水平下能力贫困面板排序模型的回归结果发现，所有指标对农户能力贫困状况的影响与上一模型的结论完全一致，变量的回归系数和概率比值波动也不大，这也从侧面证明了模型构建的稳健性以及变量影响的可靠性。

各变量在不同的剥夺水平下的边际影响进一步显示（见表5-2），初中以上受教育人数、农业产量、参加专业性合作经济组织人数、家庭人口数四个变量对所有水平下的能力贫困的边际影响均显著，其中家庭中受教育人数的上升、农业产出水平的提高以及更多人参与专业性合作经济组织均能够缓解能力贫困问题，而家庭人口数量的增多却使得能力贫困问题加剧。其他变量大都对60%剥夺水平以下的能力贫困存在显著影响，对更高维的则变得不显著，而且随着能力贫困程度的加深，各变量的边际影响也在逐渐减弱，这也与实际情况相符，即贫困程度越深，变量的影响就更加微弱，贫困问题将越发难以得到有效解决。

第5章 新疆连片特困区少数民族农户自我发展能力提升与可持续减贫

表5-2 变量对不同程度能力贫困的边际影响

变量	非能力贫困 ($y_{mul}=0$)	40%剥夺水平 ($y_{mul}=1$)	40%~50%剥夺水平 ($y_{mul}=2$)	50%~60%剥夺水平 ($y_{mul}=3$)	60%以上剥夺水平 ($y_{mul}=4$)
初中以上教育人数	0.0580*** (0.0074)	-0.0382*** (0.0045)	-0.0175*** (0.0030)	-0.0015*** (0.0005)	-0.0008* (0.0004)
教育费用支出	0.0405* (0.0225)	-0.0267* (0.0148)	-0.0122* (0.0069)	-0.0010 (0.0007)	-0.0006 (0.0004)
农业技术培训	0.0140** (0.0061)	-0.0092** (0.0041)	-0.0042** (0.0019)	-0.0004* (0.0002)	-0.0002 (0.0001)
会汉语的人数	0.0039 (0.0082)	-0.0026 (0.0054)	-0.0012 (0.0025)	-0.0001 (0.0002)	-0.0001 (0.0001)
健康人口数	-0.0104** (0.0052)	0.0069** (0.0035)	0.0032** (0.0016)	0.0003* (0.0002)	0.0001 (0.0001)
年末固定资产原值对数	0.0183** (0.0082)	-0.0121** (0.0054)	-0.0055** (0.0026)	-0.0005* (0.0003)	-0.0003 (0.0002)
人均耕地面积对数	0.0185*** (0.0070)	-0.0122*** (0.0046)	-0.0056** (0.0022)	-0.0005* (0.0003)	-0.0003 (0.0002)
农业产量对数	0.0391*** (0.0124)	-0.0257*** (0.0082)	-0.0118*** (0.0039)	-0.0010** (0.0004)	-0.0006* (0.0003)
参加专业性经合组织人数	0.1359*** (0.0332)	-0.0895*** (0.0220)	-0.0411*** (0.0108)	-0.0034** (0.0014)	-0.0019* (0.0011)
乡村干部户	0.1106** (0.0461)	-0.0729** (0.0305)	-0.0334** (0.0142)	-0.0028* (0.0015)	-0.0016 (0.0010)
家庭人口数	-0.0412*** (0.0076)	0.0271*** (0.0050)	0.0124*** (0.0025)	0.0010** (0.0004)	0.0006* (0.0003)

注：①***、**、*分别表示在1%、5%、10%水平上显著，括号内数字为稳健标准误；②表中给出的是变量的边际影响，即 dy/dx；③ymul 表示农户所处的能力贫困水平，ymul 越大表示能力贫困程度越深。

5.1.4 可持续性减贫

持久性能力贫困面板排序模型回归结果显示（见表5-3），当将所有变量进行回归时仅有5个变量通过了显著性检验，然后采取后筛选法，即根据 Z 统计值的大小逐个剔除不显著变量，直到所有变量基本显著为止（祝宏辉，2007）。按照上述方式共进行了 7 次回归才最终使模型中所有变量全部显著。对比这 7 次回归结果后发现，对持久性能力贫困具有显著影响的变量始终没有变化，且各变量对持久性能力贫困的影响力大小也基本一致，这可说明模型的稳定性和回归结果的可靠性。回归结果充分显示，农户家庭成员受教育水平的提高、健康状况的改善以及农业产出水平的增加均对持久性贫困具有负影响，可以有效降低能力贫困发生的概率比，而家庭人口增多却对摆脱持久性能力贫困带来不利影响。农业技术培训变量的回归结果与现实情况有出入，可能的原因是变量的内生性问题所造成的。

表 5-3　　　　　　　　持久性能力贫困概率比回归结果

变量	(1) Exp(β)	(2) Exp(β)	(3) Exp(β)	(4) Exp(β)	(5) Exp(β)	(6) Exp(β)	(7) Exp(β)
初中以上教育人数	0.119*** (-5.14)	0.112*** (-5.41)	0.112*** (-5.44)	0.111*** (-5.48)	0.110*** (-5.45)	0.110*** (-5.47)	0.110*** (-5.53)
教育费用支出	0.920 (-0.23)	0.927 (-0.21)	—	—	—	—	—
农业技术培训	1.670*** (2.59)	1.666*** (2.63)	1.665*** (2.65)	1.666*** (2.65)	1.504** (2.06)	1.513** (2.07)	1.516** (2.09)
会汉语人数	0.852 (-0.55)	0.839 (-0.60)	0.823 (-0.66)	0.810 (-0.74)	0.899 (-0.38)	—	—
健康人口数	0.504*** (-4.47)	0.500*** (-4.58)	0.500*** (-4.66)	0.501*** (-4.60)	0.485*** (-4.80)	0.479*** (-4.65)	0.480*** (-4.64)
年末生产性固定资产原值对数	0.863 (-0.61)	0.880 (-0.52)	0.879 (-0.53)	0.871 (-0.57)	0.965 (-0.15)	0.953 (-0.20)	—
人均耕地面积对数	0.899 (-0.36)	0.888 (-0.40)	0.888 (-0.40)	—	—	—	—
农业产量对数	0.313*** (-3.47)	0.304*** (-3.57)	0.303*** (-3.60)	0.291*** (-4.15)	0.280*** (-4.30)	0.282*** (-4.39)	0.280*** (-4.50)

第5章 新疆连片特困区少数民族农户自我发展能力提升与可持续减贫

续表

变量	(1) Exp(β)	(2) Exp(β)	(3) Exp(β)	(4) Exp(β)	(5) Exp(β)	(6) Exp(β)	(7) Exp(β)
参加专业性合作经济组织人数	0.072 (-0.54)	0.068 (-0.55)	0.067 (-0.56)	0.062 (-0.57)	—	—	—
乡村干部户	0.184 (-0.11)	—	—	—	—	—	—
家庭人口数	3.963*** (4.95)	4.054*** (5.06)	4.049*** (5.13)	4.132*** (5.41)	4.262*** (5.44)	4.268*** (5.46)	4.239*** (5.43)
N	2 196	2 196	2 196	2 196	2 196	2 196	2 196

注：Exp(β)为"概率比"，系数推断中采用了Bootstrap技术，迭代次数为500次。

显著变量的边际影响进一步显示（见表5-4），总体上对于持久性能力贫困（$y_{last}=2$）各变量的边际影响较弱，其中初中以上教师人数的上升可以使持久性能力贫困下降0.15%，健康人口数的增加可以降低0.05%，产出水平的提高可以降低0.09%，而家庭人口数量的增加却使得持久性能力贫困提高了0.1%。此外，农业技术培训变量影响不显著。

表5-4 变量对持久性能力贫困的边际影响

变量	非能力贫困 （$y_{last}=0$）	暂时性能力贫困 （$y_{last}=1$）	持久性能力贫困 （$y_{last}=2$）
初中以上教育人数	0.0107** (0.0047)	-0.0092** (0.0039)	-0.0015* (0.0008)
农业技术培训	-0.0020* (0.0011)	0.0017* (0.0009)	0.0003 (0.0002)
健康人口数	0.0036** (0.0015)	-0.0031** (0.0012)	-0.0005* (0.0003)
农业产量对数	0.0062** (0.0026)	-0.0053** (0.0022)	-0.0009** (0.0004)

续表

变量	非能力贫困 ($y_{last}=0$)	暂时性能力贫困 ($y_{last}=1$)	持久性能力贫困 ($y_{last}=2$)
家庭人口数	-0.0070** (0.0030)	0.0060** (0.0025)	0.0010* (0.0005)

注：① **、* 分别表示在5%、10%水平上显著，括号内数字为稳健标准误；②表中给出的是变量的边际影响，即 dy/dx；③ylast 表示农户为几年能力贫困户，当 ylast = 2 即意味着为持久性能力贫困。

回归分析中变量的内生性问题一直是困扰本节的难题，以往相近的研究也很难从根本上解决这一问题，而且本节研究数据的时间跨度为两年，这也在一定程度上限制了克服内生性问题方法的使用。综合考虑，本节在变量引入时尽量考虑呈现单位变化的因素，比如，教育变量考察的是农户家庭中初中以上受教育人数的变化，变化值最小为1，这样可以一方面更加符合概率比的结果解释；另一方面也可以在有限的时间内控制由于变量内生性所造成的影响。从回归结果来看，大部分变量取得了较好的效果，但是极少数变量的回归结果仍可能受到了内生性问题的影响，造成结果与现实情况不符，这也是今后需要进一步去优化的地方。

5.2 少数民族农户自我发展能力的环境因素：基础设施可获得性与社会治安改善

5.2.1 基础设施可获得性与农户自我发展能力

伴随经济的迅速崛起，中国基础设施建设也得到迅猛发展。尤其是2008年全球金融危机期间，我国适时推出4万亿元的经济刺激计划，这项刺激方案的相当一部分资金投入到民生工程、农田水利、高速公路、高速铁路等基础设施建设中，从而确保了我国经济增速在以

第5章　新疆连片特困区少数民族农户自我发展能力提升与可持续减贫

后的3~4年中一直处于高位。但时至今日，全球经济又发生了新的变化，我国经济也进入了发展的"新常态"，与此同时，我国也明确了未来发展的各项目标，其中党的十八届五中全会提出消除现行标准下的农村贫困，贫困县全部脱帽以及消除区域性整体贫困等目标尤为艰巨也尤为重要。从目前形势看，经过上一轮大规模建设我国基础设施条件已经有相当程度的提升，但是基础设施的数量和质量还远未满足广大贫困地区的发展需要，因此基础设施对于推动贫困地区脱贫和发展仍具有巨大潜力。笔者认为，基础设施主要从两个方面来达到减轻贫困的目的，一是直接效应，即基础设施作为一项准公共物品投资可以直接达到减少贫困的目的（莫连光、刘晓凤，2008；Jerome，2011），众多国内外文献均证实这一途径；二是间接效应，即基础设施可以通过降低劳动力转移成本、缩小城乡收入差距和减少信息不对称等间接达到减轻贫困的目的（高颖、李善同，2006；鞠晴江、庞敏，2006；康继军、郭蒙、傅蕴英，2014）。本节主要从直接效应的视角来探讨基础设施对能力贫困的影响。

但是梳理基础设施减贫效应的已有文献，我们发现大部分研究主要探讨了基础设施对提高居民收入水平的影响，进而对减轻贫困的作用，正如森（Sen，1999）所言，贫困不仅仅是收入低下的问题，真正造成贫困的原因在于贫困人口获取收入和享有正常生活的能力受到剥夺以及机会的丧失。他从传统福利经济学的角度重新评价"福利"，认为收入贫困并不能完全反映居民的福利状况，而是通过创造获取收入的能力去衡量居民的福利，为此他提出了基于可行能力剥夺理论的能力贫困理论。

本节重点关注以下问题：我国基础设施改善的边际效益是否真的已经消耗殆尽（谢静等，2010,），还是会对我国未来发展持续发挥作用？尤其是对特殊类型贫困地区的减贫问题又会产生怎样的影响？本节基于上述考虑，以新疆连片特困区作为民族特殊类型贫困地区的代表，探讨基础设施可获得性与居民能力贫困的关系，进而研究基础设施在消减能力贫困方面可能发挥的作用。

多维贫困理论最早由森（1999）在福利经济学基础上创立，该理论使得贫困测度摆脱了以往收入指标的单一维度，推动贫困问题研究进入全新的多维领域。尤其是随着阿尔基尔和福斯特（2011a，2011b）提出新的多维贫困测度方法，即 A – F 多维贫困指数，国内外学术界开始广泛运用该方法研究多维贫困问题。王小林和阿基尔（2009）利用 2006 年中国健康与营养调查数据并且采用 AF 方法测量中国城市和农村家庭的多维贫困，并对维度和地区进行分解，探讨多维贫困在维度和地区之间的差异。弗吉尼亚和斯蒂芬（Virginia & Stephen，2013）运用 2002～2005 年孟加拉国的数据，开发一个多维目标和影响力评估框架，考察了公共项目对多维贫困的影响。王春超和叶琴（2014）利用 A – F 多维贫困测量方法并且采用 2000～2009 年的 CHNS 数据，从收入、健康、教育、医疗保险四个维度来考察农民工的多维贫困，对农民工和城市劳动者多维贫困状况进行对比，并且引入市场化指数的制度变量对农民工和城市劳动者的多维贫困进行解释。解垩（2015）采用 A – F 测量方法利用 2010 年和 2012 年的中国家庭动态跟踪调查（CFPS）面板数据，从消费、健康、未来信心三个维度考察老年人的多维贫困状况。刘林（2016）基于 A – F 法探讨了南疆三地州的多维贫困的空间分布和区域差异，并测算了三地州的多维贫困状况。

基础设施在经济发展中发挥的作用大致可以从宏观和微观两个角度来进行梳理。从宏观角度看，基础设施投资在推动经济增长方面的作用得到了众多学者的认同。刘生龙和胡鞍钢（2010）研究发现基础设施通过其溢出效应影响中国经济增长。叶昌文和王遐见（2013）运用空间面板模型对交通业发展和区域经济增长之间的关系进行了实证检验，结果发现铁路、公路建设促进了经济增长。从微观角度看，众多学者也证实了基础设施投资在减贫和缩小收入差距方面的作用。吉布森和怀卡多（Gibson & Waikato，2003）利用巴布亚新几内亚的

第5章　新疆连片特困区少数民族农户自我发展能力提升与可持续减贫

1995~1996年的家庭调查数据展开了基础设施的可获得性对减贫效果的实证研究。刘生龙和周绍杰（2011）利用1989~2006年中国健康与营养调查（CHNS）数据，从静态非平衡面板和动态非平衡面板模型分别考察基础设施对农村居民收入增长的影响，结果均显示基础设施能够提高农村居民的收入。马朱姆德（R. Majumder，2012）采用1993~1994年和2004~2005年的两组年份的NSSO数据，考察了贫困、基础设施与发展之间的关系，研究结果发现基础设施减少了贫困的发生。刘晓光、张勋和方文全（2015）通过构建一般均衡模型，运用1992~2010年的省际面板数据，探讨了基础设施在城乡间的收入分配效应，并从劳动力转移视角研究了基础设施缩小城乡收入差距的机制。

通过对以往文献的梳理，学术界对基础设施在经济发展各方面中的作用基本达成了共识，但是，随着能力贫困理论的发展，研究基础设施对能力贫困影响的文献还不多见，尤其是结合我国未来减贫目标来研究基础设施对特殊类型贫困地区贡献的文献更是少见。本节旨在通过探讨基础设施对特殊类型贫困地区能力贫困的影响，丰富能力贫困理论，并为决策者提供有益的政策建议。

本节剩余部分结构安排如下：第二部分是介绍数据来源以及能力贫困测量方法，第三部分是介绍能力贫困的测量，第四部分是实证研究及结果分析，第五部分是结论及相应的政策建议。

1. 数据来源及方法

（1）能力贫困测量方法。

具体测量步骤：

第一步为各维度和指标取值。定义一个 n×d 维的矩阵 $M^{n,d}$，n 为研究的样本总数，d 为贫困维度数，其中矩阵元素 $x_{ij} \in M^{n,d}$，i = 1, 2, …, n; j = 1, 2, …, d，x_{ij} 表示调查户 i 在 j 维度上的取值，即行向量表示调查户 i 在 d 维度上的取值，列向量表示第 j 维度上的 n 个调查户的取值。

第二步为贫困维度识别。

①单维度识别。对于任一维度 j，首先建立一个贫困线 Z_j（令 $Z_j > 0$），它表示第 j 个维度被剥夺的临界值。同时，定义一个剥夺矩阵 $g^0 = [g_{ij}^0]$，其中当 $x_{ij} < Z_j$ 时，令 $g_{ij}^0 = 1$；当 $x_{ij} > Z_j$，令 $g_{ij}^0 = 0$。定义一个列向量 $c_j = (c_{1j}, c_{2j}, \cdots, c_{ij}, \cdots, c_{nj})'$ 代表不同调查样本户在 j 维度上的取值分布情况。

②多维度识别。定义能力贫困剥夺的临界值 k(k=1, 2, d)，令 k 个维度时识别穷人的函数为 ρ_k。如果 $c_i \geq k$ 时，则定义 $\rho_k(x_i; z) = 1$；如果 $c_i < k$ 时，则定义 $\rho_k(x_i; z) = 0$。

第三步为能力贫困指数计算。当识别了各维度被剥夺后，一般按最简单的人头计数方法进行维度加总得到能力贫困的贫困发生率（H）公式，即 H = q/n，式中 q 表示能力贫困人口总数，n 为总的调查样本数，这种方法称为 GFT 方法。但是这一方法存在对贫困分布和贫困程度不敏感的缺陷，故阿基尔与弗斯特在 GFT 基础上又共同提出修正了的能力贫困测度方法。公式为 $M_0 = H_0 A_0$，式中 M_0 为经过调整之后的能力贫困指数，即 MPI（multidimensional poverty index），H_0 为能力贫困发生率，A_0 为能力贫困的平均剥夺份额。假设 k 为被剥夺维数，则 $H_0(k) = \sum_{i=1}^{n} q_{ik}(k)/n$，$A_0(k) = \sum_{i=1}^{n} c_{ik}(k) / \left[\sum_{i=1}^{n} q_{ik}(k) \times d \right]$。

第四步为能力贫困指数分解。能力贫困指数具备可分解性，不仅可以按照人群、城乡、地区、省份等方式分解，还可以按照维度、指标等方式分解，具体根据研究对象来进行灵活分解。

（2）数据来源。

由于研究问题所需数据的可获得性，本节研究中所使用的数据来源于 2013 年国家统计局新疆调查总队农村住户调查数据，这与前面研究中所用数据的来源相同，但调查时间不同。该调查针对南疆三地州（和田地区、喀什地区和克孜勒苏柯尔克孜自治州）进行随机抽样调查，样本数为 1 470 户。数据集包含居民个人基本情况、家庭收入支出情况、就业状况和受教育程度等信息。通过剔除缺失值，最终

第5章 新疆连片特困区少数民族农户自我发展能力提升与可持续减贫

得到1 282户有效调查样本数据，可用观察值基本满足大样本数据所需的研究条件。

（3）变量描述。

第一，核心解释变量。

①交通基础设施。衡量交通基础设施（road）可获得性的指标源于被调查对象对调查问题"本社区能否便利地乘坐公共汽车"的回答，回答为"能"则赋值为1。本节选择该问题作为衡量交通基础设施具有合理性，因为公共汽车是居民在县城（区）与社区（村）之间往返的主要交通工具，如果能便利地乘坐公共汽车，那么居民能便捷地获取外界信息，减少信息不对称，从而更易获取更多的就业机会，降低能力贫困的发生率。

②卫生基础设施。卫生基础设施建设投资直接关系到居民卫生医疗服务水平的提高，为人民群众提供更加安全、便利和经济的公共医疗卫生服务，是提高人民生活水平的重要举措。卫生基础设施（clinic）主要指标源于被调查对象对调查问题"社区内是否有卫生站（室）"的回答，回答"是"则赋值为1。

③生态基础设施。良好的生态环境是最公平的公共产品[①]。实施生态基础设施建设（environment）是维护国家生态安全的关键，是居民生产、生活的基本保障。我们初步尝试选择"本村是否开展退耕还林还草工作"作为衡量生态基础设施的代理变量来探讨生态基础设施对居民能力贫困的影响，其中回答"是"赋值为1。

第二，控制变量。

本节选取的控制变量包括：①社会安全因素（safe）。社会的安全稳定对能力贫困的影响是双向的，一是社会不稳定会影响投资，从而间接影响到贫困发生率；二是能力贫困高发地区的居民不仅收入低，而且缺少教育和就业机会，这使得贫困人口的价值观念容易扭

---

① 来自2013年4月习近平总书记在海南考察时的重要讲话。

曲、社会行为极端化，这会给社会安全稳定带来潜在负面影响。本节用于衡量社会安全因素的指标源于"社区是否在本年度发生过盗窃或者其他刑事案件"的回答，其中回答"是"则赋值为1。②少数民族（minority）。少数民族居民由于受到汉语障碍、受教育水平以及地域限制等因素的影响，使得少数民族居民更易陷入能力贫困状态。本节用于衡量少数民族的指标源于"本村是否少数民族村"的回答，其中回答"是"则赋值为1。③土地（land）。土地作为农民的一项极其重要的资产，一直是农户增收的主要来源。从理论上看，一个家庭拥有的土地禀赋越多，越容易摆脱贫困。本节选择年末人均耕地面积来衡量土地对农户能力贫困的影响。④就业（employment）。随着我国城镇化进程加速，大量农户进入城市就业，工资性收入在家庭可支配收入的作用将更加突出，工资性收入越多，越容易脱贫。本节用家庭劳动力的从业情况来衡量就业对居民能力贫困的影响。⑤人情支出（cost）。中国是一个传统的关系社会，人情支出作为维持正常的社会网络是必要的，但人情支出超出家庭经济承受范围，其社会功能就会出现异化，并最终导致家庭重返贫困。本节初步尝试探讨人情支出对居民能力贫困的影响（见表5-5）。

表5-5　　　　　　　　变量描述性统计

项目	样本数	变量	均值	标准差
核心变量	1 282	road	0.3339	0.4717
	1 282	clinic	0.7964	0.4028
	1 282	environment	0.5452	0.4981
控制变量	1 282	safe	0.3003	0.4586
	1 282	minority	0.9509	0.2162
	1 282	land	3 719.6320	9 517.3330
	1 282	employment	2.6724	1.1776
	1 282	cost	1 113.3690	3 109.7510

第5章 新疆连片特困区少数民族农户自我发展能力提升与可持续减贫

（4）能力贫困指标及权重设定。

《人类发展报告2013》的多维贫困指数（MPI）由生活标准、教育和健康三个维度构成。本节拓展了多维贫困指数（MPI），将收入维度囊括进来，于是构建由收入、生活标准、教育和健康四个维度组成的新指标体系，每个维度由1~5个指标进行衡量，而且对各项维度进行赋权。下面具体对各多维贫困指标的被剥夺临界值及权重设定进行详细说明（见表5-6）。

表5-6 能力贫困指标体系与被剥夺临界值的确定与权重设定

贫困维度	贫困指标	被剥夺临界值及赋值	权重
收入维度	人均纯收入	若人均纯收入小于2 300元，则赋值1	1/4
生活水平维度	住房	若住房是"土坯房"或"竹草房"，则赋值为1	1/20
	资产	若耐用消费品（洗衣机、电冰箱、空调、微波炉、非太阳能热水器、电动自行车、彩电、台式电脑）拥有量小于两件，则赋值为1	1/20
	饮水	若饮用水水源为不受保护的井水和泉水，则赋值为1	1/20
	卫生设施	若家庭中没有洗澡设施，则赋值为1	1/20
	生活能源	若家庭煮饭燃料是柴草，则赋值为1	1/20
教育维度	义务教育	若6周岁以上家庭成员中有人未完成9年义务教育，则赋值为1	1/4
健康维度	劳动力散失情况	若家庭成员中有1人以上散失劳动力，则赋值为1	1/8
	人均医保支出	若家庭人均医保保健支出额大于194元，则赋值为1	1/8

注：收入贫困临界值为2011年国家设定的年人均纯收入少于2 300元即被认定为贫困。人均医疗保健支出参考2010年中国贫困监察报告中各省医疗保健支出均值。

2. 能力贫困测量

基于AF能力贫困测量方法，测算了不同剥夺水平下能力贫困的发生比例。《人类发展报告》（HDR）是这样定义能力贫困家庭的：如果家庭被剥夺水平超过1/3（约0.33），就将其定义为能力贫困家庭；如果家庭被剥夺水平超过1/2，就被定义为多维重度贫困家庭。从表5-7中可以看出，2013年所调查的9个指标中，调查样本中有91.9%的住户（即1 351户）的剥夺水平为10%；有26.5%的住户（即389户）的剥夺水平在40%；有4.4%的住户（即64户）的剥夺水平在60%；而处在极端贫困下（100%），也就是说这9个指标都满足的住户不存在。随着贫困剥夺水平的增加，陷入高维度贫困的住户数量呈现加速递减趋势，这与国家多年来对贫困地区的高度重视和精准扶贫是分不开的。

表5-7　　　　　　　能力贫困动态变化分布情况

贫困剥夺水平（%）	能力贫困户数	均值	标准误	百分比（%）
10	1 351	0.313	0.159	91.905
20	990	0.378	0.135	67.347
30	657	0.448	0.112	44.694
40	389	0.514	0.097	26.463
50	188	0.59	0.087	12.789
60	64	0.691	0.078	4.354
70	27	0.768	0.058	1.837
80	6	0.85	0.387	0.408
90	0	0	0	0
100	0	0	0	0

注：资料根据2013年国家统计局新疆调查总队农村住户调查数据整理。

由于能力贫困发生率H对贫困维度的增加不敏感，因此选择能力贫困指数M进行分析（杨龙、汪三贵，2015）。下面根据不同贫困维度对能力贫困的分解（如表5-8所示），我们可知教育问题对能力贫困的贡献度（能力贫困指数M为33.3%）明显高于其他各项能

第5章 新疆连片特困区少数民族农户自我发展能力提升与可持续减贫

力贫困指数,这说明教育问题从深度上导致了能力贫困且有很大的改进空间,从可行能力角度看,贫困地区教育问题的解决使得贫困地区由"输血"扶贫转变为"造血"扶贫,可以从根本上解决贫困地区能力贫困的高发态势。虽然收入问题没有教育问题突出,但是其对能力贫困指数(M)达到了21%,这表明我们在大力改进贫困地区的教育公平、住房改造、饮水安全等问题时,仍需注重提高贫困地区居民收入。饮用水对能力贫困指数(M)只有0.1%,这表明贫困地区的饮用水安全问题并没有其他贫困因素突出。

表5-8　　　　各贫困维度的能力贫困指数　　　　单位:%

能力贫困指标	收入	教育	生活标准					健康	
^	^	^	住房	资产	饮水	卫生设施	煮饭燃料	劳动力	医保支出
H(贫困发生率)	11.4	18.1	9.7	26.3	0.2	21.6	16.7	2.5	17.6
M(能力贫困指数)	21.0	33.3	3.6	9.7	0.1	7.9	6.1	2.3	16.2

注:资料由作者整理得到。

由以上分析,本节发现样本户的生活水平维度贫困发生率较低,但收入维度、教育维度和健康维度贫困发生率较高。那么,改善当地基础设施条件是否有助于缓解能力贫困问题?其具体影响又如何?这种影响是否会存在城乡差异?其对不同收入群体又会产生怎样的影响?本书将在接下来的部分进行研究。

3. 基础设施对能力贫困影响的实证分析

本部分首先就基础设施对能力贫困影响进行基准回归分析,然后探讨基础设施分别对城市居民和农村居民能力贫困的影响,再进一步把贫困剥夺程度为20%、30%、50%、60%和传统的收入贫困作为对照组,考察基础设施对居民的能力贫困的影响,最后考虑从低收入组、中等收入组和高收入组的视角,对基础设施和能力贫困之间的关系进行实证研究。

（1）基础设施对能力贫困的影响。

本部分利用回归分析方法探讨基础设施对能力贫困的影响。将线性回归模型设定为：

$$\text{Multipoor40}_i = \alpha \times \text{Infra}_i + \beta \times X_i + \varepsilon_i \quad (5-1)$$

其中，Multipoor40_i 表示能力贫困剥夺程度为 40%，Infra_i 表示基础设施，包括交通、卫生和生态基础设施，X_i 表示控制变量，包括社会安全因素、少数民族因素、土地、就业和人情支出，下标 i 表示第 i 个被调查样本，ε 表示随机扰动项。

表 5-9 报告了 Logit 的回归结果。结果均表明，基础设施建设有利于能力贫困状况的改善。①列对基础设施水平进行了单变量回归分析；②列控制了可能影响能力贫困剥削程度的一些核心解释变量，包括社会安全因素、少数民族、土地、就业、人情支出。从①、②列的回归结果看出，基础设施水平的系数都显著为负，表明基础设施水平可以降低居民的能力贫困。卫生基础设施对降低居民的能力贫困贡献率最大，是交通基础设施和生态基础设施的接近2倍，可能正如张车伟（2003）的研究所指出的，健康投资对于居民提高收入、摆脱贫困具有极其重要的意义。交通基础设施对降低居民能力贫困的贡献率和生态基础设施相等。当加入控制变量后，基础设施水平的系数绝对值出现不同程度的变化，其中卫生基础设施系数绝对值下降幅度最大（达到 3.1%），卫生基础设施系数绝对值下降幅度较小（1.94%），而生态基础设施的系数绝对值基本保持不变。

表 5-9　　　　　　　　　Logit 回归分析结果

解释变量	① 全部（mp40）	② 全部（mp40）	③ 农村	④ 城市
road	-0.0654 *** (0.0252)	-0.046 * (0.026)	-0.047 * (0.029)	0.159 (0.371)

第5章 新疆连片特困区少数民族农户自我发展能力提升与可持续减贫

续表

解释变量	①全部（mp40）	②全部（mp40）	③农村	④城市
clinic	-0.117*** (0.0277)	-0.086*** (0.028)	-0.087*** (0.031)	——
environment	-0.0478** (0.0228)	-0.047** (0.022)	-0.045* (0.023)	-0.221 (0.288)
safe	——	0.115*** (0.024)	0.124*** (0.025)	-0.147 (0.213)
minority	——	-0.123** (0.049)	-0.118** (0.050)	0.213 (0.557)
land	——	-2.95e-06** (1.49e-06)	-2.91e-06 (2.01e-06)	-7.00e-06 (0.0000145)
career	——	-0.046*** (0.011)	-0.049*** (0.011)	-0.037 (0.049)
cost	——	4.65e-06 (4.04e-06)	5.25e-06 (4.10e-06)	-3.36e-07 (0.000046)
常量	-0.466*** (0.173)	0.616 (0.391)	0.607 (0.403)	-0.215 (2.565)
观察值	1 282	1 282	1 185	97
调整 R^2	0.0198	0.0546	0.0589	0.0366

注：①括号内为标准误；②***、**、*分别表示1%、5%、10%的水平上显著；③运用自助法（Bootstrap方法）迭代次数1 000次。

另外，表5-9第②列各控制变量的符号也基本达到预期的结果。社会不安全加剧了居民的能力贫困状况，且通过了显著性检验，可能是因为社会不安全抑制本地区的经济活动，进而影响就业和社会公共基本服务（比如饮用水、义务教育等）的质量，最终影响到居民的能力贫困状况。少数民族因素对降低能力贫困的影响在5%的水平上显著为负，可能原因为近几年国家对民族地区加大投资和转移支付力度，使得民族地区的居民收入增长较快，提高了居民的生活水平、健康水平，最终改善居民的能力贫困状况。土地因素对降低居民的能力贫困在5%的水平上显著为负，这与许庆等（2008）的研究结论相符，即家庭所拥有的土地面积与人均收入呈正相关关系。家庭成员因素高度显著（系数在1%的水平上显著为负），每增加一个就业人口就降低农户能力贫困的发生概率为4.6%，因为家庭成员就业率高低直接影响到家庭人均收入，就业率越高，家庭人均收入越高。人情支出金额的系数虽然没通过显著性检验，但是其系数为正，也在一定程度上说明人情支出的增加提高了居民的能力贫困。

表5-9的第②③④列分别考察了基础设施对全体居民、城镇居民与农村居民能力贫困的影响。基础设施作为一项公共物品，除了具有非竞争性和非排他性的特点，还具有城市化倾向，这是由城市化发展的聚集规律所决定的，城市处于聚集的核心位置，自然比周边地区拥有的优势更多，集聚效应促使经济活动源源不断地聚集到城市，从而产生规模效应，最终成为区域经济增长点，城市为了不断发展壮大，必然进行基础设施建设，以容纳更多的经济活动。从第③列的回归结果系数可看出：农村基础设施的回归结果系数均为负，且均通过了显著性检验，这表明基础设施具有降低农村能力贫困的作用。其中，卫生基础设施对降低农村居民能力贫困的贡献率最大（达到8.7%），其贡献率分别是交通基础设施和生态基础设施的2倍左右。从第④列的回归系数可看出：城市基础设施没通过显著性检验，可能原因是基础设施对两个地区的作用不同，城市基础设施更加注重技术改进与设备更新换代，而农村基础设施更多地改善基本公共服务；此外，与农村相比较，城市基础设施已经建设更加完善、建设水平更高，对城市能力贫困状况的改善更依赖前期城市基础设施的积累效应。

（2）对照组回归分析。

本节选择能力贫困剥夺程度为20%、30%、50%、60%以及收入贫困作为对照组，探讨基础设施对不同贫困程度和收入贫困的影响。针对不同的贫困程度，首先探讨基础设施对能力贫困的单变量影响，其次在控制其他变量的前提下，探讨基础设施对能力贫困的影

第5章 新疆连片特困区少数民族农户自我发展能力提升与可持续减贫

响。对照组的线性回归模型设定为：

$$Multipoor\_n = \alpha \times Infra_i + \beta \times X_i + \varepsilon \quad (5-2)$$

$$Incomepoor_i = \alpha \times Infra_i + \beta \times X_i + \varepsilon \quad (5-3)$$

其中，Multipoor_n 表示能力贫困剥夺程度为20%、30%、50%、60%，Incomepoor$_i$ 表示收入贫困，Infra$_i$ 表示基础设施水平，包括交通、卫生和生态基础设施，X$_i$ 表示控制变量，包括社会安全因素、少数民族因素、土地、就业和人情支出金额，下标 i 表示第 i 个被调查样本，ε 表示随机扰动项。

表5-10和表5-11分别报告了能力贫困剥夺程度为20%、30%、50%、60%以及收入贫困的回归结果。结合回归结果发现：生态基础设施在各能力贫困剥夺程度和收入贫困上通过显著性检验且参数符号为负，这表明生态基础设施具有降低能力贫困的作用。从回归结果的系数看出，生态基础设施对降低能力贫困的贡献率呈现倒"U"型，也即随着能力贫困剥夺程度的加深，贡献率先下降后上升。交通基础设施对各个能力贫困程度的影响呈现周期变动的规律。随着能力贫困程度的加深，卫生基础设施的回归系数呈现逐渐下降趋势，也就是说卫生基础设施对降低能力贫困的贡献率逐渐变小。从表5-10第②列和表5-11第④列对比发现，交通和卫生基础设施对降低能力贫困状况的贡献率大于对提高收入的贡献率，但生态基础设施的贡献率恰好相反。如前所述，虽然基础设施水平对降低能力贫困的作用不同，但总体上仍降低了能力贫困的发生。

表5-10 对照组回归分析结果（1）

解释变量	① mp20	② mp20	③ mp30	④ mp30	⑤ mp50	⑥ mp50
road	-0.076*** (0.029)	-0.061** (0.031)	-0.018 (0.029)	0.005 (0.030)	-0.041** (0.019)	-0.033 (0.020)
clinic	-0.307*** (0.039)	-0.282*** (0.039)	-0.157*** (0.034)	-0.127*** (0.035)	-0.033 (0.021)	-0.011 (0.021)

续表

解释变量	① mp20	② mp20	③ mp30	④ mp30	⑤ mp50	⑥ mp50
environment	-0.040 (0.025)	-0.042* (0.025)	-0.093*** (0.026)	-0.091*** (0.026)	-0.067*** (0.018)	-0.067*** (0.018)
safe	—	0.103*** (0.029)	—	0.119*** (0.028)	—	0.082*** (0.018)
minority	—	0.065 (0.065)	—	-0.045 (0.069)	—	-0.111*** (0.032)
land	—	-2.51e-06* (1.40e-06)	—	-3.59e-06** (1.70e-06)	—	-9.45e-07 (1.23e-06)
career	—	-0.041*** (0.010)	—	-0.024** (0.012)	—	-0.032*** (0.008)
cost	—	6.01e-06 (5.30e-06)	—	5.65e-06 (4.53e-06)	—	-2.74e-06 (4.18e-06)
常量	1.975*** (0.205)	2.002*** (0.375)	0.353** (0.152)	0.561 (0.361)	-1.419*** (0.226)	-0.266 (0.461)
观察值	1 282	1 282	1 282	1 282	1 282	1 282
调整 R^2	0.0432	0.0603	0.0232	0.0366	0.0283	0.0843

注：①括号内为标准误；② ***、**、* 分别表示1%、5%、10%的水平上显著；③运用自助法（Bootstrap 方法）迭代次数1 000次。

表5-11　　　　　　　　对照组回归分析结果（2）

解释变量	① mp60	② mp60	③ incomepoor	④ incomepoor
road	-0.002 (0.012)	-0.001 (0.012)	-0.045 (0.028)	-0.022 (0.029)
clinic	0.003 (0.014)	0.009 (0.015)	-0.013 (0.032)	0.002 (0.033)
environment	-0.021** (0.011)	-0.022** (0.012)	-0.152*** (0.025)	-0.140*** (0.025)
safe	—	0.022** (0.012)	—	0.074** (0.029)

第5章 新疆连片特困区少数民族农户自我发展能力提升与可持续减贫

续表

解释变量	① mp60	② mp60	③ incomepoor	④ incomepoor
minority	—	−0.035* (0.020)	—	−0.058 (0.066)
land	—	5.05e−08 (8.40e−07)	—	−6.60e−06* (3.46e−06)
career	—	−0.014** (0.007)	—	0.050*** (0.010)
cost	—	2.93e−07 (5.01e−06)	—	−0.000** (7.35e−06)
常量	−3.103*** (0.425)	−1.458* (0.781)	−0.203 (0.157)	−0.638* (0.357)
观察值	1 282	1 282	1 282	1 282
调整 R^2	0.0110	0.0495	0.0221	0.0495

注：①括号内为标准误；② ***、**、* 分别表示1%、5%、10%的水平上显著；③运用自助法（Bootstrap方法）迭代次数1 000次。

（3）基础设施对不同收入组农户的能力贫困的影响。

以上研究结果表明，基础设施具有降低农户能力贫困的作用，但这一作用对不同收入组居民能力贫困产生的影响是否一致？为了深入理解该问题，本节将居民人均可支配收入按照全部调查户群体25%和75%的比例分解为低收入组（低于2 672元）、中等收入组（2 672~7 108元）和高收入组（高于7 108元）来展开分析。在控制其他变量的前提下，分别考察了基础设施对低收入组、中等收入组和高收入组农户能力贫困的影响（结果见表5 −12）。

表5 −12 基础设施对不同收入组农户居民能力贫困的检验结果

解释变量	低收入组	中等收入组	高收入组
road	−0.009 (0.066)	−0.047 (0.038)	−0.062 (0.053)

续表

解释变量	低收入组	中等收入组	高收入组
clinic	-0.118 * (0.069)	-0.082 ** (0.035)	-0.040 (0.053)
environment	-0.027 (0.060)	0.011 (0.027)	-0.014 (0.046)
safe	0.129 ** (0.060)	0.083 *** (0.027)	0.105 ** (0.044)
land	1.98e-06 (9.25e-06)	-1.74e-06 (1.78e-06)	-0.086 (0.024)
career	-0.080 *** (0.025)	-0.037 *** (0.127)	-0.086 *** (0.024)
minority	-0.208 (0.145)	-0.086 (0.062)	-0.101 (0.078)
cost	6.26e-06 (0.0000162)	3.82e-06 (9.44e-06)	8.44e-06 (5.62e-06)
常量	1.850 ** (0.770)	0.144 (0.684)	0.735 (0.884)
观察值	320	640	320
调整 R^2	0.1016	0.0599	0.0622

注：①括号内为标准误；②***、**、*分别表示1%、5%、10%的水平上显著；③运用自助法（Bootstrap方法）迭代次数1 000次。

表5-12回归结果表明：

第一，基础实施水平的提高对降低能力贫困的发生率具有正向作用，也验证了基础设施具有降低能力贫困的作用，这说明前面的实证结果具有可信度。

第二，卫生基础设施对低收入组能力贫困的影响在统计上显著（10%的水平上），对中等收入组在5%的水平上显著，反而对高收入组不显著。从回归系数看出，卫生基础设施对降低低收入组能力贫困的贡献率最大，是中等收入组的近2倍、高收入组的近3倍，可能的原因为高收入者可以购买更安全的食物、接受更好的医疗。交通基础设施在三个收入组中均没通过显著性检验，可能是因为交通基础设施的使用是有一定的准入条件，也就是"门槛效应"，比如一个人使用交通基础设施的前提条件是他有能力和意愿去购买交通工具（刘生龙、周邵杰，2011）。生态基础设施对三个收入组均不显著，可能是因为生态基础设施具有一般基础设施建设的超前性和周期长的特点，短期内很难影响收入的变化。

第三，社会不安全对三个收入组能力贫困的影响均显著为正，这表明社会不安全加剧了居民的能力贫困，而且与中高收入组相比较，社会不安全最容易加剧低收入组的能力贫困状况，这一点可以从表5-12中看出。就业因素对三个收入组均显著为负，这表明就业能降低整体的能力贫困，从回归系数看出：就业对高收入组降低能力贫困的贡献率最大，每增加一个就业人口，降低能力贫困的发生概率为8.6%，因为高收入组拥有更大的社会网络、更多的社会资源与影响力。

4. 结论与建议

运用2013年国家统计局新疆调查总队农村住户调查数据，本节对居民能力贫困的影响因素进行回归分析，就基础设施对能力贫困的影响进行考察。研究显示生态基础设施具有降低能力贫困的作用，而且对降低能力贫困的贡献率呈现倒"U"型。卫生基础设施对降低农户的能力贫困贡献率最大，但是其贡献率会随着贫困程度的加深而逐渐减小。交通基础设施没有达到降低能力贫困的预期。从不同区域来看，基础设施对城市居民降低能力贫困的贡献率大于农村。从不同收入组来看，生态基础设施对降低低收入组能力贫困的贡献率最大，对高收入组的贡献率次之，对中等收入组的贡献率最小；交通基础设施对降低高收入组能力贫困的贡献率最大，对中等收入组的贡献率次之，对低收入组的贡献率最小；卫生基础设施对降低低收入组能力贫困的贡献率最大，对中等收入组次之，对高收入组贡献率最小。

依据以上的研究结果，我们提出一些建议：加强生态基础设施建设，改善低收入者的生存环境，提高低收入者抵御自然灾害的能力；加大农村交通基础设施建设力度，提高交通基础设施均等化，缩小城乡交通基础设施服务差距，促进农村经济更快发展；加大资金投入，完善医疗硬件设施，改善居民卫生医疗条件；加大社会治安整治力度，强化社会规范管理与创新，维护社会安全稳定；拓宽就业渠道，加强对劳动力的技能培训，促进农村剩余劳动力转移，增加农户收入。

5.2.2 社会治安改善与农户自我发展能力

1. 问题的提出及文献回顾

中国作为目前世界上人口最多的发展中国家，解决贫困问题依然是改善民生的重大工程。2015 年 11 月 29 日，中共中央、国务院颁布了《关于打赢脱贫攻坚战的决定》（下文简称《决定》）。《决定》指出，国家将实施精准扶贫战略，开展新一轮扶贫开发攻坚战，提出到 2020 年实现"'两不愁、三保障'、贫困地区农民人均可支配收入大幅度增长、基本公共服务接近全国平均水平"的全面脱贫目标。我国自 1994 年以来，便开始关注社会贫困问题，并采取了一系列扶贫攻坚计划，经过 20 多年的不懈努力，我国的扶贫事业取得了卓越成效，贫困人口数量显著减少，贫困区域大幅度缩小。但新时期贫困区域呈现出向自然条件恶劣、社会经济条件薄弱的革命老区、民族地区、边境地区等特殊贫困区集中的特点。目前，全国层面共有 14 个连片特殊困难地区。受历史原因和现实条件限制，这些地区的贫困人口数量多、贫困程度更严重、反贫困任务更艰巨，将成为国家今后扶贫攻坚的主战场。鉴于特殊贫困地区贫困问题的复杂性、顽固性等特

第5章 新疆连片特困区少数民族农户自我发展能力提升与可持续减贫

点,使得以往侧重收入贫困测度的单一方法不能满足当前精准扶贫的需要,因此能够全面反映贫困问题的能力贫困测算方法成为更好的选择。

南疆三地州在2011年就被国家确定为14个连片特困区之一,由于该区域兼具了民族性、边境性、连片特困性等多重特点,是连片特困区的典型代表,解决该区的贫困能够为其他连片特困区提供有益参考。一直以来,南疆三地州因其恶劣的自然条件和复杂的社会环境,经济发展水平明显落后于新疆其他地区,长期的贫困和欠发展现状,使得该地区成为"三股势力"、极端宗教组织以及恐怖势力的聚居地,频发的社会治安事件和恐怖活动给人们生命财产安全带来了严重威胁,如何有效改善该区域的社会治安状况已成为国家和政府必须面对和解决的重大难题。基于以上认识,本节运用A-F方法以期全面地测度南疆三地州的能力贫困状况,并在此基础上探讨社会治安对能力贫困的影响。

在以往的研究中,受数据采集和对贫困认识的限制,人们习惯于用收入维度来衡量贫困状态。森从"可行能力"理念出发创立了多维贫困理论,从此,对贫困问题的研究进入了全新的多维领域,学者们在这一理论的指导下对多维贫困问题进行了富有成效的探索。比如,查克拉瓦蒂、德施和希伯将Watts单维贫困指数扩展为Watts多维贫困指数。联合国发展计划署(UNDP)基于"能力"视角,先后在《人类发展报告》上发布了人类发展指数(HDI)、人类贫困指数(HPI),在两者基础上,UNDP与英国牛津贫困与人类发展中心联合开发出了多维贫困指数(MPI)。其中,阿基尔与弗斯特提出的A-F多维贫困测算方法最具有代表性,该方法包括对多维贫困的识别、加总以及分解,较为科学、细致地测算了多维贫困,是目前国内外学者普遍采用的多维贫困测度方法。

基于A-F法,国内学者也对多维贫困测度进行了大量研究,王小林的研究结果显示,收入之外的多维贫困状况普遍存在于中国城市和农村家庭；方迎风利用模糊集方法测度了我国的多维贫困状况，结果表明，跟收入贫困相比，我国在教育、医疗、健康等方面的贫困状况更为严重；杨龙、汪三贵指出贫困线的变动会影响中低收入者的多维贫困状况，而且饮水问题是我国农村贫困农户面临的主要问题；陈辉、张全红指出在粤北贫困区厨房燃料维度、教育维度的贫困发生率较高，且权重的设置将影响贫困测算结果。通过对相关研究文献的梳理，学者们基于不同视角对我国多维贫困问题进行了深入的研究，但受数据调查区域和指标设计的限制，学者们对于兼具民族性、边疆性的连片特困区等区域的研究较少。

而在贫困形成机制的研究中，从收入视角，罗楚亮、沈扬扬研究了收入差距对贫困的影响，得出收入差距扩大是形成贫困的重要原因。从人力资本的视角，高艳云、马瑜研究了多维贫困的影响因素，并指出加强教育投资、改善人口结构、平衡地区发展等能够有效减少贫困。从社会资本这一角度出发，高帅指出社会地位的提高能够增强多维贫困人群脱贫的可能性。从物质资本角度，李佳路对全国30个国家重点扶贫开发县的资产贫困进行了相应测度，旨在为资产扶贫寻找理论依据。从自然条件角度，曲玮等证实了自然环境具有贫困效应，且经济社会发展和合理的政策设计能够减缓不利环境对贫困造成的影响。郑长德、单德朋认为在同等能力下经济机会差异和面对风险时的行为差异是连片特困区多维贫困形成的主要原因。

在以往对贫困影响因素的研究中，收入差距、人力资本、物质资本、社会资本、自然环境等与贫困的关系问题成为学者们关注的焦点。而关于多维贫困的研究多集中在多维贫困的测度和动态变化问题上，有关多维贫困影响因素的文献较少，鲜见社会治安对多维贫困影响的研究，本书正是在此前提下，扩充了多维贫困测度指标体系，尝试性地探讨了社会治安和多维贫困的关系，以期能够丰富多维贫困理论，为决策者提供有益参考。

第5章 新疆连片特困区少数民族农户自我发展能力提升与可持续减贫

2. 理论分析框架、方法介绍和变量描述

（1）数据来源。

本节研究仍是选用2013年国家统计局新疆调查总队农村住户调查数据（rural household survey），数据对南疆喀什地区、和田地区、克孜勒苏柯尔克孜自治州（简称"南疆三地州"）的1 470农户进行了抽样调查，获取了区域内农户较为详尽的个人基本资料、家庭收支状况、区域基本环境等数据。由于该特困区兼具民族性和边疆性等特性，且调查户中94%以上为少数民族农户，称该区域为特殊贫困地区。但是，由于研究问题和模型设定的不同，该部分研究中样本经过筛选，最终选取了1 447户作为研究样本，与前面样本数不同，但都符合大样本数据研究的需求。

（2）理论分析框架。

本节想要研究的问题是社会治安是否对能力贫困产生影响，随着能力贫困程度加深，社会治安的作用将如何变化；进一步，想探讨在不同的行政距离下和不同收入水平条件下，社会治安对能力贫困人群的作用如何。为了实现研究目的，笔者构建了测算能力贫困的指标体系，测度了被研究对象的贫困状况，然后建立二元Logit回归模型，探讨社会治安与能力贫困的关系；并在此基础上探究不同距离和不同收入水平下社会治安对能力贫困的影响。但在此之前必须得考虑两个问题：能力贫困测度是否有必要？在贫困状态下谈社会治安是否有意义？下面笔者试图回答这两个问题。

通过测算被研究对象家庭中食品支出总额占消费支出总额的比重，可得到恩格尔系数。根据恩格尔系数可将人们所处的生活水平进行划分（见表5-13）。划分结果表明，研究区域内仍有26.4%的农户处在温饱和勉强维持生活阶段。这些贫困农户的贫困程度更深，贫困致因也更为复杂，要想在2020年实现全面建成小康社会的宏伟目标，对该区域的农户进行更加全面、细致的能力贫困测度就显得尤为重要。

表 5 – 13　　　　　　　　　农户恩格尔系数统计

恩格尔系数（EC）	EC > 60%	50% < EC < 60%	40% < EC < 50%	30% < EC < 40%	EC < 30%
生活状况	勉强生活	温饱	小康	富裕	最富裕
农户占比（%）	6.9	19.5	25.6	24.8	23.2
累计百分比（%）	6.9	26.4	52.0	76.8	100.0

资料来源：根据国家统计局新疆调查总队农村住户调查数据整理。

统计结果显示，73.6%的农户已经基本达到小康水平，生产、生活水平都有了较大改善，根据马斯洛需求层次理论，该部分农户在满足基本生活需求后，必然会增加对安全方面的需求。同时，在研究区域内，社会安全一直是制约社会和经济发展的重要因素。如果社会治安对能力贫困有影响，那么把以往研究中的家庭环境因素、物质资本因素、人力资本因素、社会资本因素作为控制变量，进而探析社会治安与能力贫困的关系就显得颇有意义。

（3）A – F能力贫困测算方法和能力贫困维度与指标。

①A – F能力贫困测算方法。

本节基于森（Sen）的贫困剥夺理论，以阿基尔和弗斯特提出的贫困指数（A – F指数）为基本框架对能力贫困进行测度。具体测度步骤如下：

第一步为各维度和指标取值。

定义一个以 n×d 维的矩阵 $M^{n,d}$，为研究的样本总数，d 为贫困维度数，其中矩阵元素 $x_{ij} \in M^{n,d}$，i = 1, 2, …, n; j = 1, 2, …, d, x_{ij} 表示调查户 i 在 j 维度上的取值，即行向量表示调查户 i 在 d 维度上的取值，列向量表示第 j 维度上的 n 个调查户的取值。

$$H_0(k) = \sum_{i=1}^{n} q_{ik}(k)/n \quad A_0(k) = \sum_{i=1}^{n} c_{ik}(k) / \left[\sum_{i=1}^{n} q_{ik}(k) \times d \right]$$

第二步为贫困维度识别。

一是单维度识别。对于任一维度 j，首先建立一个贫困线 Z_j（令

第5章 新疆连片特困区少数民族农户自我发展能力提升与可持续减贫

$Z_j > 0$),它表示第 j 个维度被剥夺的临界值。同时,定义一个剥夺矩阵 $g^0 = [g_{ij}^0]$,其中当 $x_{ij} < Z_j$ 时,令 $g_{ij}^0 = 1$;当 $x_{ij} > Z_j$ 时,令 $g_{ij}^0 = 0$。定义一个列向量 $c_j = (c_{1j}, c_{2j}, \cdots, c_{ij}, \cdots, c_{nj})^T$ 代表不同调查样本户在 j 维度上的取值分布情况。

二是多维度识别。定义能力贫困剥夺的临界值 $k(k = 1, 2, \cdots, d)$,令 k 个维度时识别穷人的函数为 ρ_k。如果时 $c_k \geq k$,则定义 $\rho_k(x_i; z) = 1$;如果 $c_i < k$ 时,则定义 $\rho_k(x_i; z) = 0$。

第三步为能力贫困指数计算。

当识别了各维度被剥夺后,一般按最简单的人头计数方法进行维度加总得到能力贫困的贫困发生率(H)公式,即 H = q/n,式中 q 表示存在 k 个维度贫困人数,n 为调查总的样本数,这种方法称为 GFT 方法。但是这一方法存在对贫困分布和贫困程度的不敏感的缺陷性,故 Alkire 与 Foster 在 GFT 基础上又共同提出修正了的能力贫困测度方法。公式为 $M_0 = H_0 A_0$,式中 M_0 为经过调整之后的能力贫困指数,也即 MPI(multidim ensional poverty index),H_0 为能力贫困发生率,A_0 为能力贫困的平均剥夺份额。假设 k 为被剥夺维数,则

$$H_0(k) = \sum_{i=1}^n q_{ik}(k)/n, \quad A_0(k) = \sum_{i=1}^n c_{ik}(k)/[\sum_{i=1}^n q_{ik}(k)d]。$$

第四步为能力贫困指数分解。

能力贫困指数具备可分解性,不仅可以按照人群、城乡、地区、省份等方式分解,还可以按照维度、指标等方式分解,具体根据研究需要来进行灵活分解。

②能力贫困维度与指标。

《人类发展报告2013》的能力贫困指数(MPI)从健康、教育、生活标准3个维度测算了能力贫困程度,鉴于数据可获得性的限制,能力贫困指数未包含收入维度,这在一定程度上降低了能力贫困测量的准确性。本节在构建多维测算指标体系时,刻意将测算体系进行了一定程度调整,目的在于综合评判当测算指标体系发生变化后对研究结果的影响,以确保研究结论的一致性和有效性。这部分维度和指标

的构建是基于反映《中国农村扶贫开发纲要（2011~2020年）》中"两不愁、三保障"的多维扶贫目标，并结合具体的区情和民情，在MPI的基础上，新增了收入维度，形成了健康、教育、生活水平和收入四个维度共13个评价指标的测算体系。维度和指标以及被剥夺临界值、权重设置见表5-14。

表5-14　能力贫困维度及指标剥夺临界值、权重设置

贫困维度	贫困指标	被剥夺临界值与赋值	权重
收入维度	家庭人均纯收入	家庭人均纯收入低于2 300元，赋值1	1/4
生活水平维度	住房	住房用竹草、土坯作为建筑材料，赋值1	1/28
	资产	耐用消费品拥有量少于两件，且家中没有汽车，赋值1	1/28
	饮水	饮用水饮用前无任何水处理措失，赋值1	1/28
	卫生设施	家中无厕所或无洗澡设施，赋值1	1/28
	生活能源	家庭以柴草等为生活能源，赋值1	1/28
	人均粮食量	人均粮食量小于228千克，赋值1	1/28
	国家救济	受到国家救济，赋值1	1/28
教育维度	受教育年限	家庭成员中有人未完成九年义务教育，赋值1	1/4
健康维度	身体健康状况	不健康或生活不能自理，赋值1	1/16
	医疗保险	未参加合作医疗基金或任何保险，赋值1	1/16
	营养品	家庭医疗支出中营养品支出为零，赋值1	1/16
	及时就医	社区没有卫生室，赋值1	1/16

（4）变量描述与模型设定。

①核心解释变量。

社会治安（Safe）。社会治安是社会环境因素，良好的社会治安不仅能够保障农户的生命财产安全，而且具有促进经济发展和维护社会稳定的作用。本节初步尝试用"社区是否在本年度发生过盗窃或者其他刑事案件"的回答来衡量社会治安因素，其中回答"是"赋值为"1"，"否"赋值为"0"。

第5章 新疆连片特困区少数民族农户自我发展能力提升与可持续减贫

②控制解释变量。

本节选取的控制变量包括：就业（Emp），该变量作为社会资本的代理变量，不只代表着收入来源，同时就业过程中能够显著增强个人与外界的交流与沟通，相对地，无业状态则在一定程度上降低个人的生活标准，引起失业者对社会的不满，容易产生反社会行为，给社会不安定埋下隐患。本节用"家庭劳动力在本季度是否从业"的回答来衡量就业因素，回答"是"赋值为"1"，否则，赋值为"0"。家庭人口规模（Pop），被调查对象因其落后的观念以及劳动力需求的限制，导致庞大的家庭规模，这将直接影响家庭成员的资源占有量，家庭人口数也成为影响家庭贫富状况的重要因素。本节选取"家庭常住人口数量"来刻画这一变量。高等教育水平（Edu），该变量作为人力资本的代理变量，教育水平低的社会群体因其未接受高等教育，思想观念往往比较落后，更容易受到极端组织的蛊惑，这将在一定程度上影响社会安全，本节选取"拥有专科及以上教育水平"来刻画这一变量。固定资产增加原值（Goods），该变量作为农户物质资本的代理变量，物质资本是家庭的积累资本，为家庭改善生活条件提供了有力保障，拥有良好物质资本的家庭陷入贫困的可能性较小，同时也增强了家庭抵御突发事件的能力，降低了家庭因病、意外事件返贫的风险，本节选取"家庭年人均新增固定资产原值"来刻画这一变量，表5-15为变量的描述性统计。

表5-15　　　　　　　　变量描述性统计

项目	样本数	变量	均值	标准差	最大值	最小值
核心变量	1 447	Safe	0.291	0.454	1	0
控制变量	1 447	Emp	2.562	1.200	8	0
	1 447	Pop	4.190	1.542	14	1
	1 447	Edu	0.331	0.662	5	0
	1 447	Goods	253.776	1 435.494	24 000	0

③模型构建。

运用二元 Logit 回归模型研究社会治安对能力贫困的影响，构建的线性基准模型如下：

$$Mulpn_i = \alpha + \beta \times Safe_i + \gamma \times X_i + \varepsilon_i$$

其中，Mulp 表示能力贫困，n_i 表示剥夺水平，$Safe_i$ 为核心变量社会治安，X_i 表示控制变量，包括就业、家庭人口规模、高等教育水平、固定资产增加原值，下标 i 表示第 i 个被调查样本，ε_i 表示随机扰动项。在参数推断过程中运用了 Bootstrap 技术（又称自助法），是一种将回归样本有放回地抽样以获取置信区间，从而对参数加以推断，该方法能够有效提高参数的准确性，选取的迭代次数为 1 000 次，以 STATA 13.0 为主要统计工具。

3. 能力贫困的测度

（1）能力贫困估计结果。

本节测算了农户在 10% ~ 100% 的剥夺水平下，能力贫困的估算结果（见表 5 - 16）。根据《人类发展报告》（HDR）对维贫困家庭的定义：当一个家庭的被剥夺水平大于 1/3 时，该家庭属于能力贫困家庭，当被剥夺水平大于 1/2 时，该家庭属于多维重度贫困家庭。测算结果表明，当剥夺水平达到 40%（大于 1/3）时，调查样本中有 867 户属于能力贫困家庭，此时能力贫困发生率为 59.9%，平均剥夺份额为 0.538，能力贫困指数为 0.323；当剥夺水平达到 50%（等于 1/2）时，有 410 户属于多维重度贫困，贫困发生率为 28.3%，平均剥夺份额为 0.646，能力贫困指数为 0.183。另外，在 60%、70%、80% 剥夺水平下贫困农户分别有 262 户、142 户、24 户，而当剥夺水平达到最高剥夺程度 90% 时，能力贫困户仅有 1 户，这表明该农户至少有 11 个指标被剥夺，这些都属于多维重度贫困家庭。由测算结果可以发现当剥夺水平越高时，能力贫困人口急剧减少，这也反映出我国我国先前采取的脱贫政策已取得显著成效，贫困状况整体上得到改善。

第5章　新疆连片特困区少数民族农户自我发展能力提升与可持续减贫

表5-16　　　　　　　能力贫困的估计结果

剥夺水平（%）	能力贫困户数	能力贫困发生率（H）	贫困剥夺份额（A）	能力贫困指数（M）
10	1 391	0.961	0.447	0.429
20	1 260	0.871	0.447	0.416
30	1 188	0.821	0.492	0.404
40	867	0.599	0.538	0.323
50	410	0.283	0.646	0.183
60	262	0.181	0.703	0.127
70	142	0.098	0.747	0.073
80	24	0.017	0.827	0.014
90	1	0.001	0.902	0.001
100	0	—	—	—

（2）能力贫困指数按指标、维度分解结果。

本节选取40%剥夺水平下，按指标对能力贫困指数进行分解（见表5-17）。分解的结果包含了各指标对能力贫困指数的贡献和贡献率，将各指标的贡献加总，即可得到40%剥夺水平下南疆三地州农户的能力贫困指数，与表5-16中所测结果一致，为0.323。而贡献率是各指标对能力贫困指数所做贡献的百分比，全部指标的贡献率之和为100%。

表5-17　　　　能力贫困指数按指标、维度分解结果

能力贫困维度	能力贫困指标	指标贡献	指标贡献率（%）	维度贡献	维度贡献率（%）
收入维度	家庭人均纯收入	0.052	16.2	0.052	16.2
生活水平维度	住房	0.007	2.3	0.073	22.4
	资产	0.002	0.4		
	饮水	0.007	2.3		

续表

能力贫困维度	能力贫困指标	指标贡献	指标贡献率（%）	维度贡献	维度贡献率（%）
生活水平维度	卫生设施	0.018	5.5	0.073	22.4
	生活能源	0.014	4.3		
	人均粮食量	0.015	4.5		
	国家救济	0.010	3.1		
教育维度	受教育年限	0.145	44.8	0.145	44.8
健康维度	身体健康状况	0.006	2.0	0.053	16.6
	医疗保险	0.001	0.3		
	营养品	0.036	11.2		
	及时就医	0.010	3.1		
合计		0.323	100	0.323	100

通过综合比较各指标的贡献和贡献率，发现住房、人均粮食、医疗保险等指标的贡献率较小，受教育年限、家庭人均纯收入、营养品、卫生设施等指标都位列前几，对能力贫困指数的贡献较大，表明国家"两不愁，三保障"多维扶贫目标还未实现，解决这几个方面的贫困问题应成为我国今后精准扶贫的着力点。

各维度对能力贫困指数的贡献及贡献率是通过加总其对应的指标贡献和贡献率得到的。计算结果表明，首先是教育维度的贡献及贡献率最高，贡献率高达44.8%，其次是生活水平维度，为22.4%，最后是健康维度，贡献率达到16.6%，而收入维度的贡献率最低，仅为16.2%。因此，从维度角度看，教育维度超过收入维度成为引发南疆三地州农户能力贫困的首要因素。

通过对比两部分对新疆连片特困区少数民族能力贫困的测算结果发现，结论具有一定的差异性，但是反映出的问题基本一致，教育、健康等问题都被突出出来，也间接证明了测算结果的稳健性。

第5章 新疆连片特困区少数民族农户自我发展能力提升与可持续减贫

4. 社会治安对能力贫困影响的实证分析

（1）社会治安对能力贫困影响的回归结果。

本部分运用二元Logit回归，探讨了社会治安对能力贫困的影响，表5-18报告了回归结果，第①列显示了在收入维度被剥夺时，各变量与收入贫困的关系。对比其他各列发现，就业、家庭人口规模、高等教育水平、固定资产增加原值对收入贫困的影响较小，且显著性普遍偏低。这一结果表明虽然收入是造成农户贫困的重要因素之一，但未能全面反映农户的实际贫困状况，而能力贫困的分析方法则弥补了这一缺陷。

表5-18　　　　　　　　　　Logit实证回归结果

解释变量	①Inpoor	②Mulp20	③Mulp30	④Mulp40	⑤Mulp50	⑥Mulp60	⑦Mulp70	⑧Mulp80
Safe	0.030 (0.023)	0.036* (0.020)	0.037* (0.022)	0.089*** (0.027)	0.061** (0.024)	0.047** (0.021)	0.039** (0.017)	0.008 (0.427)
Emp	-0.011 (0.011)	-0.020* (0.011)	-0.032*** (0.012)	-0.035** (0.014)	-0.028** (0.013)	-0.006 (0.011)	-0.019** (0.009)	-0.003 (0.193)
Pop	0.056*** (0.010)	0.055*** (0.008)	0.079*** (0.009)	0.086*** (0.011)	0.070*** (0.010)	0.049*** (0.009)	0.039*** (0.008)	0.007*** (0.141)
Edu	-0.020 (0.017)	-0.072*** (0.011)	-0.092*** (0.013)	-0.097*** (0.018)	-0.070*** (0.020)	-0.060*** (0.019)	-0.047*** (0.017)	-0.011 (0.442)
Goods	-0.000 (0.000)	-0.000 (0.000)	-0.000 (0.000)	-0.000* (0.000)	-0.000 (0.000)	-0.000* (0.000)	-0.000 (0.000)	-0.000** (0.000)
C	-2.655*** (0.220)	0.548** (0.261)	0.0243 (0.230)	-0.717*** (0.186)	-2.093*** (0.193)	-2.883*** (0.232)	-3.689*** (0.310)	-5.338*** (0.624)
N	1 447	1 447	1 447	1 447	1 447	1 447	1 447	1 447
R^2	0.043	0.074	0.086	0.051	0.042	0.057	0.073	0.063

注：①Inpoor表示收入维度被剥夺的贫困；②括号内为标准误差；③***、**、*分别表示1%、5%、10%的水平上显著；④运用自助法（Bootstrap）迭代1 000次；下同。

第②～⑧列分别报告了在20%～80%剥夺水平下的回归结果。在各剥夺水平下，社会治安变量的参数均为正，表明当本年度农户家里发生盗窃或其他刑事案件时，农户的能力贫困状况就会加剧，这与预期结果相符。随着剥夺水平从20%提高到80%，即能力贫困程度不断加深，社会治安对能力贫困的影响总体呈现倒"U"型。其中，参数在40%的剥夺水平时达到最大值，为0.089，这表明在其他条件保持不变的条件下，每发生一起社会治安事件，农户的能力贫困将加深8.9%。且表5-16内容显示，40%的剥夺水平下贫困发生率高达59.9%，进一步说明社会治安对能力贫困不仅存在纵向的深度影响，还存在横向的广度影响。

进一步观察回归结果可以发现，在低剥夺水平（20%～30%），参数为0.03左右时，社会治安状况对能力贫困的影响较小，且显著性较弱，这表明离脱贫越近，通过加强社会治安以实现减贫就越困难；当剥夺水平达到40%时，社会治安对能力贫困的影响最大且显著，依次向两侧递减，处在这一剥夺水平的农户更容易因为社会治安的改善或恶化而减轻或加剧贫困状况；在高剥夺水平（60%～80%）时，社会治安对农户贫困境况影响较小，其可能的原因是，一方面，这些农户属于多维重度贫困行列，需求层次处于较低水平，其对社会治安的需求较少；另一方面，社会治安的缺失使得农户对其依赖性低，因此社会治安对降低能力贫困作用没有充分显现。

另外，各控制变量符号均符合预期假设，以剥夺水平40%为基准研究模型，就业因素在5%的水平下显著且参数为负，说明提高就业能显著降低能力贫困的发生率，就业作为社会资本的代理变量，不仅可以使从业者获得稳定的收入来源，积累资金改善生活水平，而且能够使从业者融入社会集体，实现自我价值，加强与外界交流，获得更好的自我发展能力。家庭人口规模在1%的水平上显著为正，这也支持了以往研究中的结果，过于庞大的家庭规模不利于家庭摆脱贫困，而且可能会引发贫困的"代际传递"问题。高等教育水平在1%

的水平上显著且系数为负,高等教育水平对减轻贫困的作用已经在以往的研究中被证实,其不仅改观了农户的落后观念和传统思想,而且有助于提升农户的自我发展能力,是持续性减贫的重要保障。固定资产增加原值在10%的水平上显著且符号为负,尽管这一变量对减贫的影响弱于社会治安因素、就业因素、家庭规模、高等教育水平等因素,但它在长期发展中的积累,能够有效减缓家庭陷入贫困状况,增强家庭应对突发事件的能力。

(2) 不同距离下社会治安对能力贫困的影响。

县城作为重要的行政单位,具有经济、政治、文化等辐射作用,离县城越近,生活条件相对较好,这些条件包括便利的交通、发达的商业、通畅的信息、良好的治安状况等。尤其需要指出,随着农户到县城距离的变动,社会治安对能力贫困的影响也可能随之变动。

本节正是基于上述问题的考虑,以40%剥夺水平为基准回归,将农户到县城的距离进行了划分,观察了在不同距离下社会治安对能力贫困的影响(见表5-19)。从回归参数上看,农户离县城的距离在10~20公里时,加强社会治安对降低能力贫困的作用最明显,在此范围内社会治安事件每发生一起,能力贫困程度将加深22.4%;在10公里以内的农户,社会治安对能力贫困的影响参数为12.3%;相比之下,改善社会治安对离县城20公里外的农户降低能力贫困的作用最弱,参数仅为2.6%。

表5-19　　　　不同距离下社会治安对能力贫困的影响

解释变量	① d < 10	② 10 < d < 20	③ d > 20
Safe	0.123*** (0.044)	0.224*** (0.081)	0.026 (0.043)
Emp	-0.022 (0.023)	-0.065** (0.027)	-0.026 (0.025)
Pop	0.088*** (0.018)	0.099*** (0.022)	0.076*** (0.019)

续表

解释变量	① d < 10	② 10 < d < 20	③ d > 20
Edu	-0.091 *** (0.031)	-0.087 ** (0.038)	-0.117 *** (0.031)
Goods	-0.000 (0.000)	-0.000 (0.000)	-0.000 (0.000)
C	-1.265 *** (0.313)	-0.571 (0.404)	-0.324 (0.319)
N	543	362	542
R^2	0.056	0.083	0.048

注：d < 10 代表农户到县城的距离在10公里以内，能力贫困户为286户，贫困发生率为0.527；10 < d < 20 代表农户到县城的距离在10~20公里，能力贫困户为230户，贫困发生率为0.635；d > 20 代表农户到县城的距离大于20公里，能力贫困户为350户，贫困发生率为0.648。

总体而言，随着农户离县城距离增大，社会治安对能力贫困的影响呈现倒"U"型，而显著性却逐渐变弱。这一结果跟现实相符，居住在离县城10公里以内的农户因其生活条件较为优越，陷入能力贫困的可能性较其他农户低，贫困发生率为0.527，且离县城越近，社会治安条件越好，对这些农户而言，社会治安已经较普遍获得，因此社会治安对能力贫困的影响较小。离县城10~20公里的距离，恰好是属于城乡接合部区域，该区域既是城市的边缘，又是农村的边缘，社会保障不健全、乱占土地、环境脏乱差等现状严重，也带来了一系列社会问题，贫困发生率高达0.635，社会治安对该区农户显得尤为重要，改善社会治安能够显著降低该范围农户的能力贫困程度。而当离县城的距离在20公里以上时，虽然能力贫困发生率为0.648，但社会治安对能力贫困户的影响已经微乎其微。这可能基于两方面的原因：第一，社会治安的供给无法有效到达这些地区，社会治安对该区农户的贫困影响小；第二，该区域农户的能力贫困程度更深，可能更迫切改善目前生存条件，对社会治安的有效需求不足。

第5章 新疆连片特困区少数民族农户自我发展能力提升与可持续减贫

（3）不同收入水平下社会治安对能力贫困的影响。

本节在剥夺水平40%的基础上，将农户可支配收入按调查对象群体25%、75%的比例划为低收入组（低于2 634元）、中等收入组（为2 634~7 487元）、高收入组（高于7 487元）三个组别，更为细致的划分能够探析社会治安对不同收入组农户能力贫困的影响。

表5-20报告了不同收入水平下社会治安对能力贫困的回归结果。结果显示，社会治安对中低收入农户能力贫困的影响小且不显著，在其他条件不变的条件下，社会治安事件每减少一起，能力贫困程度将降低4%~6%。而社会治安对高收入农户能力贫困的影响最大且在1%的水平下显著，每减少一起社会治安事件，可使高收入农户的能力贫困程度降低17.3%。

表5-20 不同收入水平下社会治安对能力贫困的影响

解释变量	① 低收入组	② 中等收入组	③ 高收入组
Safe	0.058 (0.044)	0.045 (0.042)	0.173 *** (0.053)
Emp	-0.023 (0.017)	-0.048 ** (0.021)	-0.009 (0.030)
Pop	0.012 (0.013)	0.053 *** (0.016)	0.077 *** (0.024)
Edu	-0.052 *** (0.022)	-0.061 ** (0.030)	-0.127 *** (0.040)
Goods	-0.000 (0.000)	-0.000 (0.000)	-0.000 (0.000)
C	2.711 *** (0.778)	-0.175 (0.246)	-1.636 *** (0.356)
N	361	723	361
R^2	0.147	0.029	0.062

总体而言，收入水平由低到高，社会治安对能力贫困的影响也呈现由低到高的变化趋势，显著性明显增强。中低收入农户更专注于生活状况的改善，把更多精力投入到生计方面，且因其自身拥有的财产和产业少，社会治安对其减贫影响小，而随着其收入水平的提高，对社会治安的需求增加，届时社会治安对其减贫影响将不断增强。对于高收入农户，在生活水平达到一定程度后，他们更关注于生命、财产等的安全。相比之下，社会治安对高收入农户更重要，社会治安降低了高收入农户再次陷入能力贫困的风险，从而改善了社会的能力贫困状况。

5. 结论与建议

运用2013年国家统计局新疆调查总队农村住户调查数据，本章对南疆三地州农户能力贫困状况进行了测度，并考察了社会治安对能力贫困的影响。研究结果显示：①教育维度对能力贫困指数的贡献率最大，为44.8%，是当前引发能力贫困的最主要因素；②社会治安和能力贫困呈正向变动关系，且随着剥夺水平的提高，社会治安对能力贫困的影响呈现倒"U"型的变动趋势，在40%的剥夺水平下，社会治安对能力贫困农户的减贫效果最大，贡献率达到8.9%，而对低剥夺水平和高剥夺水平下的能力贫困农户减贫的作用有限；③随着农户离县城距离由近及远，社会治安对能力贫困的影响也呈现倒"U"型变化；④社会治安对高收入农户降低能力贫困的效果最大、显著性最强，对中低收入农户降低能力贫困的作用比较弱。

基于上述研究结果，本章提出以下对策建议：在实施精准扶贫过程中：①增加农户收入和提高农户教育水平依然是政府首选的减贫举措；②改善社会治安能够有效减少农户能力贫困的发生概率，政府应该在今后扶贫过程中重视这一问题；③社会治安减贫作用的发挥受到行政距离的限制，政府有必要对生产、生活条件过于恶劣区的农户进行就地搬迁，就此加快脱贫步伐；④社会治安对高收入农户具有强保护作用，对中低收入农户具有弱保护作用，因此一方面，要加强社会治安，避免脱贫农户再次陷入贫困；另一方面，要提高中低收入农户的收入，以便在将来发挥社会治安对该群体的强保护作用。

5.3 本章小结

（1）能力贫困状况得到了较好的改善，两年能力贫困发生率降低了21.9%，能力贫困指数减小了0.087。能力贫困户减少了263户，减少了总能力贫困户的70.5%，多维重度贫困家庭减少了62户，下降比例为56.9%。各指标中收入、教育、健康等指标对能力贫困的贡献最大，反映出的问题也较为突出，此外还应关注住房、饮水、就医等贡献率较大幅度上升的指标。首先能力贫困发生率和能力贫困指数空间分布显示克州地区能力贫困问题最为严重，其次为和田地区和喀什地区。能力贫困空间动态变化呈现出较快的下降趋势，其中克州地区变化速度最快，和田地区和喀什地区也得到了缓解。整体上，到2012年该地区能力贫困地区空间差异相较于2011年已经较大程度的降低，三地州能力贫困发生率均在15%以下，能力贫困指数都在0.1以下，能力贫困的空间分布趋于同一水平。

（2）通过提高少数民族家庭成员受教育水平，增加教育支出，并积极参与农业技术培训，同时尽可能多地增加生产性投入和农业产量，就能够很好地改善农户能力贫困状况。若是农户家庭中能够有更多人参与专业性的经济合作组织，甚至有人能够成为乡村干部，这种社会网络异质化和社会地位的提高所带来的更多社会资源，将对降低能力贫困发生产生更加积极有效的影响。而对于不同程度的能力贫困问题，均可通过农户家庭教育水平提升、农业产出水平提高以及参与专业性经济合作组织来应对。但是，需要特别指出的是，少数民族的汉语水平并未对能力贫困产生显著影响，而家庭人口数量的增多却可以显著提高能力贫困的发生概率。

（3）防止和降低持久性能力贫困的发生可以通过家庭成员受教育水平的提高、健康状况的改善以及产出水平的增加来实现，尤其是教育对农户家庭长久发展的作用更加重要，也再次凸显了让少数民族群众接受更多教育对持续性减贫以及增强农户自我发展能力的重要性。在此还是应该注意，少数民族农户家庭人口的增加对摆脱持久性能力贫困同样会产生不利影响。实际上，"越穷越生、越生越穷"的情况在少数民族贫困地区更加普遍。因此，让少数民族农户意识到优生优育、适当控制家庭人口规模对摆脱贫困的作用显得尤为重要。

第 6 章

新疆连片特困区区域自我发展能力的进一步讨论

6.1 新疆连片特困区县域间自我发展能力评价

6.1.1 评价指标体系的构建

1. 评价指标体系构建原则

目的性原则。构建新疆连片特困区自我发展能力评价指标体系是为了客观反映新疆连片特困区自我发展能力，通过量化对历年数据进行对比，找出片区自我发展能力较差的地方，以及各个县（市）自我发展能力发展的薄弱环节，以便针对性地制定扶贫方针。因此，在指标选择时应以该目标为导向，确定各指标的名称、含义及测算方法。

综合性原则。区域自我发展能力是一个由经济发展能力、社会发展能力和资金集聚能力等多方面构成的综合性概念，各能力之间相互联系相互影响。因此，在构建区域自我发展能力评价指标体系时，应将其作为一个相互联系的整体来研究，力求系统、全面地对其进行测算分析。

可比性原则。区域自我发展能力是一个相对的概念，具有动态性和时空可比性，首先各指标在口径、内涵上要具有可比性，其次在不同的时间、空间范围内也要具有可比性。

可操作性原则。评价指标体系的选取与建立以理论为基础，但要注重实践的可行性，是理论与实践相结合的产物。区域自我发展能力是一个复杂的综合性概念，要想具体衡量该概念，所需资料巨大，而部分资料数据的缺失是制约其研究的重要因素。因此在实际操作中应注重数据的可得性，在数据可得的基础上尽量使指标体系全面、科学。

简明实用性原则。在构建评价指标体系时必须以全面性和实用性为主。首先，评价指标体系的构建应能够基本或全部涵盖区域自我发展能力所包含的信息，使其具有可信性；其次，指标体系切忌繁杂、重复。因此在构建评价指标体系时应反复斟酌、慎重选取，尽可能地使所选指标易得、综合、信息量大。

2. 指标的选取与设立

在遵循上述区域自我发展能力评价指标体系构建原则的基础上，结合新疆连片特困区经济社会的发展情况以及新疆连片特困区的特殊性，参考已有关于连片特困区的研究成果，确定新疆连片特困区自我发展能力评价指标体系，主要将新疆连片特困区自我发展能力分为三个方面。

经济发展指标，主要是衡量区域内经济发展水平，以此来判断区域自发进行产业循环、成长及升级的能力，经济发展为培育自我发展能力奠定物质基础，自我发展能力的提升反过来又促进经济可持续发展，因此经济发展指标是区域自我发展能力的核心指标。本章将经济发展指标分为第二、第三产业比重，人均GDP，人均社会消费品零售额，农民人均纯收入和财政自给能力。

社会发展指标，主要是衡量区域内社会事业发展水平，是片区自

第6章 新疆连片特困区区域自我发展能力的进一步讨论

我发展能力培育和提升的基础。本章将社会发展指标分为乡村人员就业率、城镇化率、人均耕地面积、人均固定资产投资额、人均地方财政支出、每万人口医院、卫生院床位数以及小学入学率。

资金集聚能力，主要是衡量区域内资金的集聚能力。资金是一个地区发展的基础和源泉，只有拥有充足的资金并且具有较高的资金使用效率，才能更好更快地发展。因此，资金集聚能力是区域自我发展能力的关键。本章将资金集聚能力指标分为资金市场化率、人均储蓄额、人均贷款额和人均地方财政收入。

具体评价指标体系如表6-1所示。

表6-1　　新疆连片特困区自我发展能力评价指标体系

目标层	调控层	指标层
区域自我发展能力	经济发展	第二、第三产业比重
		人均GDP
		人均社会消费品零售额
		农民人均纯收入
		财政自给能力
	社会发展	乡村人员就业率
		城镇化率
		人均耕地面积
		人均固定资产投资额
		人均地方财政支出
		每万人口医院、卫生院床位数
		小学入学率
	资金集聚	资金市场化率
		人均储蓄额
		人均贷款额
		人均地方财政收入

3. 数据来源

本章研究过程中，基于中观视角的新疆连片特困区自我发展能力研究的相关数据主要来源于1996~2014年的《新疆统计年鉴》《中国县域统计年鉴2014》《中国区域经济统计年鉴2014》。

6.1.2 方法介绍

1. 因子分析法

因子分析根据变量内部依赖关系，通过分析数据的基本结构，选取少数几个不可观测的变量作为公因子，并以此来表示数据的基本结构。这些公因子可以反映原始数据所包含的主要信息，有利于研究者简化数据结果，方便研究。

根据各指标间的相互关系，采用降维的方式，将较多的指标转换为少数几个互不相关的综合性指标，这些指标不是直接观测得来的，但会影响可观测变量，并且包含着原始数据的大多数信息，这些指标称为因子。

设有原始变量：$x_1, x_2, x_3, \cdots, x_m$。它们与潜在因子的关系如下所示：

$$F_i = W_1 \times F_{1i} + W_2 \times F_{2i} + W_3 \times F_{3i} + W_4 \times F_{4i}$$

其中$z_1 \sim z_m$是m个潜在因子，是各个原始变量都含有的因子，叫作共性因子；$e_1 \sim e_m$是m个只包含在某一原始变量中，仅对某一个原始变量起作用的个性化因子，是各变量特有的因子。

共性因子与特殊因子二者相互独立，因子分析的最终目的是找到共性因子，并且经计算探讨共性因子的实际意义，并对其命名。

2. 聚类分析

聚类分析是以样品或变量性质的亲疏程度作为分类标准，将其分

第 6 章　新疆连片特困区区域自我发展能力的进一步讨论

类并进行多元统计分析的一种分析方法。在聚类分析时，根据分类对象的不同，可以将聚类分析分为对样本分类的 Q 型聚类和对变量分类的 R 型分类，而 R 型分类可以看作是对原始数据矩阵转秩后进行的 Q 型聚类。聚类分析方法主要有两步聚类、快速样本聚类、层次聚类等，两步聚类特点是分类变量和连续变量都适用，可以自动确定分类数，适于分析大数据集；快速样本聚类处理速度快，占用内存少，适用于分析大样本；层次聚类较为常用，聚类原则是将距离最近或最相似的聚为一类。本节采用层次聚类方法。

聚类分析法的原理主要是：先将被评估的 n 个个体看作 n 类，即每个样品为一类，d_{ij} 为距离，这时各类间的距离与样本间的距离是相等的。根据被评估对象的特征，选择适当距离确定为相似性度量，并确定最小类间距，即设类 G_i 与 G_j 间最小且非零的距离为 D_{pq}，$D_{pq} = \min(D_{ij})$，D 为距离矩阵，$D_{ij} = 0 (i = j)$，$D_{ij} > 0 (i \neq j)$。

$$\begin{pmatrix} D_{11} & D_{12} & \cdots & D_{1m} \\ D_{21} & D_{22} & \cdots & D_{2m} \\ \cdots & \cdots & \cdots & \cdots \\ D_{n1} & D_{n2} & \cdots & D_{nm} \end{pmatrix}$$

然后，将距离最小的类归为新的一类，并算出新得到的类与其他类之间的距离，再选出最小类间距，重复进行相关计算，直到所有的类均归为一类为止。如类 G_p 与 G_q 合并为一个新类，即为 G_r，则任一类 G_k 与 G_r 的距离是：

$$D_{kr} = \min D_{ij}(X_i \in G_k, X_j \in G_r)$$
$$= \min\{\min d_{ij}(X_i \in G_k, X_j \in G_p), \min d_{ij}(X_i \in G_k, X_j \in G_q)\}$$

即 $D_{kr} = \min(D_{kp}, D_{kq})$。如果在进行某一步计算时非零且最小的元素不止一个，则这些元素均可以归为一类。

最后，根据前述结果绘制谱系图，对谱系图结果进行选择确定聚类结果，然后进行分析。

6.1.3 评价测算

1. 纵向分析——新疆连片特困区自我发展能力测评

(1) 因子分析的适用性分析。

本节运用主成分分析法对区域自我发展能力进行因子分析，并测算出1995~2013年新疆连片特困区自我发展能力得分情况，相关处理通过 SPSS 19.0 进行。首先，判断所采用数据是否适合进行因子分析，通过 Bartlett 球形检验判断原始变量之间是否具有较强的相关性。由表6-2可知，Bartlett 球形检验结果显示近似卡方值为609.449，概率值为0，说明单位矩阵与相关系数矩阵差异显著，适于进行因子分析。其次，看 KMO 值，进行偏相关性检验，偏相关性越强，因子提取效果越好。本模型中，KMO 值为0.655，效果较好，认为适用因子分析。

表6-2　　　　　　　　KMO 和 Bartlett 的检验

KMO 和 Bartlett 的检验		
取样足够度的 Kaiser – Meyer – Olkin 度量		0.655
Bartlett 的球形度检验	近似卡方	609.449
	df	120
	Sig.	0.000

(2) 因子提取。

在对因子分析的可行性进行判断后，对相关系数矩阵进行计算，得出因子特征值、方差贡献率和累积方差贡献率的值。根据因子特征值应大于1的要求，本节运用主成分法提取出4个因子（见表6-3），累积方差贡献率为96.062%，提取的因子保留了

第6章　新疆连片特困区区域自我发展能力的进一步讨论

原始变量的大部分信息，经过旋转后，这4个因子F1、F2、F3、F4分别解释了原始变量信息的54.642%、27.306%、7.453%、7.660%。

表6-3　　　　　　　　特征值及方差贡献率

成分	初始特征值 合计	方差的百分比(%)	累积百分比(%)	提取平方和载入 合计	方差的百分比(%)	累积百分比(%)	旋转平方和载入 合计	方差的百分比(%)	累积百分比(%)
1	11.726	73.290	73.290	11.726	73.290	73.290	8.743	54.642	54.642
2	1.590	9.939	83.229	1.590	9.939	83.229	4.369	27.306	81.949
3	1.046	6.539	89.768	1.046	6.539	89.768	1.193	7.453	89.402
4	1.007	6.294	96.062	1.007	6.294	96.062	1.066	6.660	96.062
5	0.333	2.082	98.143						
6	0.139	0.872	99.015						
7	0.092	0.578	99.593						
8	0.033	0.208	99.801						
9	0.018	0.112	99.913						
10	0.008	0.047	99.961						
11	0.004	0.023	99.984						
12	0.001	0.009	99.993						
13	0.001	0.004	99.997						
14	0.000	0.002	99.999						
15	0.000	0.001	100.000						
16	1.633E-5	0.000	100.000						

(3) 因子命名。

为了便于命名，本节采用最大方差法对因子载荷矩阵进行旋转，旋转后的因子载荷矩阵如表6-4所示。

表6-4　　　　　　　　旋转后的因子载荷矩阵

项目	F1	F2	F3	F4
人均贷款额	0.970	0.008	-0.073	0.154
人均地方财政收入	0.935	0.349	0.032	0.012
乡村人员就业率	0.927	0.307	0.059	0.070
人均固定资产投资额	0.922	0.376	0.032	0.052
每万人医院卫生院床位数	0.893	0.320	0.019	-0.163
人均地方财政支出	0.885	0.449	0.045	-0.078
人均储蓄额	0.876	0.464	0.057	-0.062
人均GDP	0.872	0.478	0.054	0.046
农民人均纯收入	0.851	0.516	0.065	0.003
人均社会消费品零售额	0.837	0.533	0.057	0.010
财政自给能力	-0.302	-0.921	-0.095	0.008
城镇化率	0.318	0.908	0.011	-0.014
小学入学率	-0.532	-0.721	0.108	-0.015
第二、第三产业产值占比	0.458	0.718	0.425	-0.014
人均耕地面积	-0.012	0.067	0.982	-0.011
资金市场化率	0.030	-0.007	-0.011	0.997

因子F1的方差贡献率最大，为54.642%，是最重要的因子，在人均贷款额、人均地方财政收入、乡村人员就业率、人均固定资产投资额、每万人医院卫生院床位数、人均地方财政支出、人均储蓄额、人均GDP、农民人均纯收入、人均社会消费品零售额上有较大的载荷，可命名为经济发展因子。

因子F2的方差贡献率为27.306%，居第二位，是次重要因子，在财政自给能力、城镇化率、小学入学率、第二、第三产业产值占比上有较大载荷，可命名为社会发展因子。

因子F3占较大载荷的是人均耕地面积，因此可以命名为农业发展因子。

第6章 新疆连片特困区区域自我发展能力的进一步讨论

因子 F4 资金市场化率占较大荷载，命名为市场化因子。

（4）计算各因子得分及自我发展能力总得分。

利用表6-5可以计算出各因子的得分情况，根据因子得分情况按下式计算出自我发展能力总得分

$$F_i = W_1 \times F_{1i} + W_2 \times F_{2i} + W_3 \times F_{3i} + W_4 \times F_{4i} \qquad (6-1)$$

其中，F_i 为第 i 年的自我发展能力得分；W_1、W_2、W_3、W_4 为各因子的权重，由特征根与累计特征根之商得出；F_{1i}、F_{2i}、F_{3i}、F_{4i} 为各因子历年得分。新疆连片特困区 1995~2013 年自我发展能力各因子及总得分情况如表6-5所示。

表6-5　　　　　　　　1995~2013 年各因子得分

年份	F1	F2	F3	F4	F
1995	-1.3133	-1.3753	0.6508	0.205	-1.0732
1996	-0.6419	-1.9199	-3.9573	0.1741	-1.2059
1997	-0.7062	-2.6283	0.5852	0.1835	-1.0906
1998	-0.272	-3.306	0.7495	-0.0697	-1.0411
1999	-0.3749	-2.9978	1.0172	-0.4232	-1.0157
2000	-0.4685	-2.8697	0.208	-0.3636	-1.0912
2001	-1.4593	-1.511	0.2602	-0.1566	-1.2502
2002	-1.9156	-0.6151	0.1901	0.3236	-1.2272
2003	-2.2354	0.7153	0.0328	0.4187	-1.0366
2004	-2.0805	1.063	-0.7858	0.0221	-0.9407
2005	-2.5397	2.2327	-0.9869	0.4248	-0.8571
2006	-2.4999	2.6111	0.5794	0.4395	-0.6043
2007	-1.5877	1.9567	0.6617	0.4936	-0.2613
2008	-1.0503	2.1745	0.6244	0.2988	0.0898
2009	-0.1541	2.2052	0.6361	-0.2248	0.5729
2010	0.9346	2.6457	-0.3593	-1.1385	1.1768
2011	3.7885	1.1728	-0.1115	-1.7378	2.3591
2012	6.4592	0.267	-0.0325	-1.9595	3.6114
2013	8.117	0.179	0.0379	3.0899	4.8851

新疆连片特困地区少数民族贫困农户自我发展能力提升研究

从表6-5可以看出,新疆连片特困区自我发展能力总得分1995~2007年为负值,发展相对较差,2008年起转为正值,发展逐渐转好,自我发展能力得分从1995年的-1.0732提升到2013年的4.8851,年均增长率为29.22%,2008年后迅速提升,由2008年的0.0898提升到2013年的4.8851,提高了53.4倍,可见在2008年以后,片区对自我发展能力的培育给予了高度关注,使片区自我发展能力显著提升,这与新疆"十二五"规划中明确提出要提高自我发展能力息息相关。从各因子得分情况看,经济发展因子(F1)1995~2009年一直为负值,2010年起变为正值,经济发展因子得分从1995年的-1.3133提升到2013年的8.117,年均增长率为37.8%,可见随着国家扶贫工程的开展以及西部大开发、对口援疆工作的顺利进行,新疆连片特困区经济发展因子提升较快。社会发展因子(F2)1995~2002年为负值,2003~2013年均为正值,其得分从1995年的-1.3753提升到2013年的0.179,年均增长率为5.9%,尤其是2004~2011年其社会发展因子得分相对较高,可见这几年国家和自治区对片区的基础设施、城市建设等投入较大精力,为该时期片区发展的重点,社会发展因子的提升又为片区自我发展能力的提升奠定坚实的基础。耕地是农民赖以生存和发展的重要载体,以人均耕地面积为主要载荷的农业发展因子(F3)除个别年份为负值外,大多数为正值,但是得分较低且年际变化率不大,这与当地气候恶劣,耕地面积少,农业机械化程度低等有关。市场化因子(F4)除1998~2001年、2009~2012年为负值外,其余年份为正值,发展相对较好,但是得分并不高,且变化相对稳定,只有2013年大幅提升,为3.0899,可见新疆连片特困区虽然相对贫穷,但随着国家经济体制改革的推进,其市场化程度得到一定提升。

图6-1显示了新疆连片特困区1995~2013年各因子得分及总得分的变化趋势。从图中可以看出,新疆连片特困区自我发展能力得分呈波动上升趋势,1995~2002年得分相对稳定,变化幅度不大,之后稳

第6章 新疆连片特困区区域自我发展能力的进一步讨论

步上升，2010年起得分提升幅度较大，这与新出台的扶贫政策息息相关，随着政策导向作用，地方更加注重自我发展能力的培育，从而使得2010年起得分显著提升。经济发展因子1995~2000年相对平稳，2000~2006年呈下降趋势，这与国内大的经济环境有关，经过前期大的经济增长后，在外部冲击和内部调整的情况下，经济增长出现乏力。2007年以后国内经济形势整体好转，而且西部大开发、对口援疆等政策初见成效，片区经济发展向好，此时经济发展因子稳步上升，且提升幅度较大。社会发展因子1995~1998年呈下降趋势，之后波动上升，这主要是由于国家对片区的扶持首先从基础设施建设等方面着手，片区科教文卫事业长足发展，2010年起国家政策向自我发展能力的培育方面倾斜，社会发展因子呈下降趋势。农业发展因子除1996年急速下降外，其余年份均较稳定，变化幅度不大，地少人多，环境恶劣，技术落后使得片区农牧民赖以生存的农业发展并不太好。市场化因子1995~2009年较稳定，2009年之后下降，2013年大幅提升，随着市场化进程的进一步深化，片区居民受市场化思想的冲击，片区市场化程度进一步提高。可以看出在自我发展能力历年的变化过程中，经济发展因子和社会发展因子大体与自我发展能力总得分变化趋势相同，是片区发展相对较好的因子，而农业发展因子和市场化因子得分较低且对总能力的提升起抑制作用，因此是片区自我发展能力提升的制约因素，在今后片区自我发展能力培育和提升的过程中应着重加强对这两方面能力的培育。

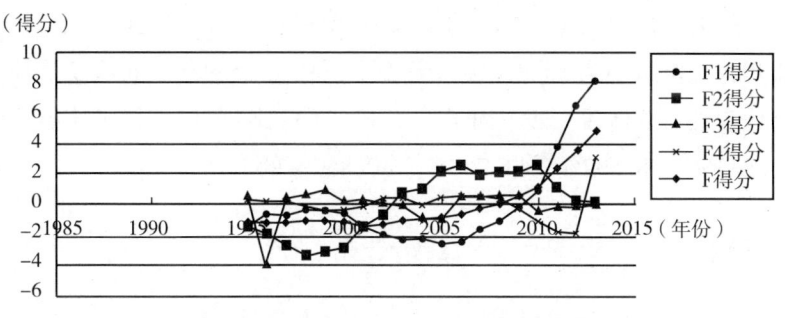

图6-1 新疆连片特困区1995~2013年各因子得分及总得分

2. 横向分析——新疆连片特困区各县市自我发展能力测评

在对1995~2013年新疆连片特困区自我发展能力变化总体了解后，对2013年新疆连片特困区所辖24个县市的自我发展能力予以测评，并进行聚类分析，以便深入了解片区自我发展能力发展状况，对各县市自我发展能力予以定位，找出片区自我发展能力较差县市，有针对性地提出对策建议。

（1）因子分析的适用性分析。

如表6-6所示，Bartlett球形检验结果近似卡方值为420.906，概率值为0，说明单位矩阵与相关系数矩阵存在显著差异，适于进行因子分析。KMO值为0.658，认为可以进行因子分析。

表6-6　　　　　　　KMO和Bartlett的检验

KMO和Bartlett的检验		
取样足够度的Kaiser-Meyer-Olkin度量		0.658
Bartlett的球形度检验	近似卡方	420.906
	df	120
	Sig.	0.000

（2）因子提取。

提取特征值大于1的因子，如表6-7所示，共提取4个因子，累积方差贡献率为85.978%，涵盖了原变量85.978%的信息，较具有代表性。旋转后，四个因子F1、F2、F3、F4分别解释了原始变量34.833%、28.532%、11.757%、10.857%的信息。

表6-7　　　　　　　　特征值与方差贡献率

成分	初始特征值 合计	方差的%	累积%	提取平方和载入 合计	方差的%	累积%	旋转平方和载入 合计	方差的%	累积%
1	7.415	46.346	46.346	7.415	46.346	46.346	5.573	34.833	34.833
2	3.348	20.926	67.272	3.348	20.926	67.272	4.565	28.532	63.364
3	1.965	12.283	79.554	1.965	12.283	79.554	1.881	11.757	75.121
4	1.028	6.424	85.978	1.028	6.424	85.978	1.737	10.857	85.978
5	0.607	3.791	89.769						
6	0.414	2.585	92.354						
7	0.363	2.270	94.624						
8	0.276	1.722	96.346						
9	0.183	1.145	97.491						
10	0.165	1.031	98.522						
11	0.098	0.615	99.138						
12	0.066	0.411	99.549						
13	0.035	0.218	99.767						
14	0.019	0.117	99.884						
15	0.010	0.060	99.944						

（3）因子命名。

为了便于因子命名，对因子载荷矩阵进行旋转处理，其结果如表6-8所示。

表6-8　　　　　　　　旋转后的因子载荷矩阵

项目	F1	F2	F3	F4
人均社会消费品零售额	0.936	0.212	0.114	0.015
人均贷款额	0.908	0.029	-0.089	0.014
人均储蓄额	0.883	0.054	-0.238	-0.212

续表

项目	F1	F2	F3	F4
财政自给能力	0.879	0.278	0.308	-0.083
城镇化率	0.732	0.480	-0.304	-0.067
每万人医院卫生院床位数	0.674	0.141	-0.307	-0.367
人均固定资产投资额	0.074	0.890	0.195	-0.015
人均地方财政收入	0.420	0.868	-0.064	-0.122
人均地方财政支出	-0.084	0.863	-0.409	-0.041
资金市场化率	-0.226	-0.824	0.283	0.291
人均GDP	0.528	0.735	0.183	0.253
第二、第三产业产值占比	0.505	0.605	-0.166	-0.429
小学入学率	0.374	-0.527	0.503	0.057
乡村人员就业率	-0.265	-0.062	0.873	0.102
人均耕地面积	-0.341	-0.054	-0.036	0.854
农民人均纯收入	0.484	-0.163	0.395	0.673

因子1的方差贡献率为34.833%，是最重要的因子。在因子1中，占较大载荷的有人均社会消费品零售额、人均贷款额、人均储蓄额、财政自给能力、城镇化率、每万人口医院卫生院床位数，主要是经济发展和社会发展两方面，因此因子1命名为经济、社会发展因子。

因子2的方差贡献率为28.532%，是次重要的因子。在因子2中，人均固定资产投资额，人均地方财政收入，人均地方财政支出，资金市场化率，人均GDP，第二、第三产比重，小学入学率占较大载荷，主要是资金方面，因此因子2命名为资金效用因子。

因子3中，乡村人员就业率占较大载荷，命名为乡村就业因子。

因子4中，人均耕地面积和农民人均纯收入占较大载荷，为农村发展因子。

（4）因子得分及自我发展能力得分计算。

根据因子载荷矩阵和公式（1）分别计算出新疆连片特困区各县

第6章 新疆连片特困区区域自我发展能力的进一步讨论

市因子得分和自我发展能力得分,如表6-9所示。阿图什市经济、社会发展因子得分较高,位于片区第4名,而资金效用因子、乡村就业因子、农村发展因子得分均为负值,发展相对较差,自我发展能力得分在片区排11名,属于中等水平。阿克陶县经济、社会发展因子、乡村就业因子、农村发展因子和自我发展能力得分均为负值,处于较差水平,资金效应因子得分0.1861,位于片区第8名,发展相对较好。阿合奇县经济、社会发展因子和乡村就业因子均为负值,且乡村就业因子排24名,可见其发展极差,其余得分为正值,资金效用因子得分排名最好,为第5名。乌恰县除农村发展因子得分为负值外,其余得分均为正值,资金效用因子和自我发展能力得分排名最好,均为片区第2名。喀什市除农村发展因子得分较低为-1.2536外,其余得分均较好,经济、社会发展因子和自我发展能力得分均位于片区第1名。疏附县经济、社会发展因子、资金效用因子和自我发展能力得分较差,农业发展因子得分较好,位于片区第4名。疏勒县经济、社会发展因子得分较差,位于片区第22名,其余得分相对较好,农业发展因子得分为1.5122,居片区第4名。英吉沙县乡村就业因子得分相对较高,为片区第5名,其余得分为负值,发展较差。泽普县资金效用因子和乡村就业因子发展较差,得分为负值,其余得分相对较好,且经济、社会发展因子和农业发展因子均为第3名。莎车县资金效用因子和自我发展能力得分较低,其余得分相对较好,且排名居于片区8名左右。叶城县资金效用因子得分为负值,居片区15名,相对较差,其余得分为正值,且乡村就业因子排名最好,为片区第2名。麦盖提县资金效用因子、乡村就业因子得分为负值,发展相对较差,农业发展因子排名最好,为片区第2名。岳普湖县经济、社会发展因子相对较差,其余因子得分较好,农业发展因子得分排名为第5名。伽师县经济、社会发展因子、资金效用因子和自我发展能力得分均位于片区较差水平,而乡村就业因子和农业发展因子得分相对较好,均位于片区第6名。巴楚县除农业发展因子得分较高,为片区第

· 131 ·

1名外，其余得分均位于片区中等水平。塔什库尔干塔吉克自治县资金效用因子和自我发展能力得分较高，分别为片区第1名和第3名，其余得分均较差。和田市除经济、社会发展因子居片区第2名，自我发展能力得分居片区第4名发展较好外，其余得分均相对较差。和田县乡村就业因子得分排名相对较好，为第4名，其余因子均位于片区极差水平。墨玉县、皮山县、洛浦县、策勒县和于田县各项得分均为负值，发展极差。民丰县乡村就业因子得分为负值，居片区第23名，其余得分相对较好，资金效用因子得分最高，为片区第3名。根据表6-9的结果，为切实履行精准扶贫规定，分别找出各县市的发展薄弱环节。经济、社会发展因子是其自我发展能力提升主要制约因素的有疏附县、疏勒县、岳普湖县、塔什库尔干塔吉克自治县、和田县、皮山县、洛浦县、策勒县；资金效用因子是其主要制约因素的有莎车县、叶城县、伽师县、墨玉县、洛浦县、于田县；乡村就业因子是制约其自我发展能力提升的主要因素的有阿合奇县、泽普县、麦盖提县、巴楚县、策勒县和民丰县；农村发展因子发展较差的有阿图什市、阿克陶县、乌恰县、喀什市、英吉沙县、和田市。在今后自我发展能力培育过程中，应根据各县市主要制约因素，有的放矢地提出切实可行的自我发展能力培育对策，通过攻克各个县市发展短板，使片区整体自我发展能力得到提升。

表6-9　　　　　　　　因子得分及自我发展能力得分

县市	F1	F2	F3	F4	F
阿图什市	1.4967（4）	-0.6345（13）	-0.2664（14）	-1.4401（23）	0.1775（11）
阿克陶县	-1.146（16）	0.1861（8）	-0.5051（17）	-0.724（18）	-0.563（16）
阿合奇县	-0.3922（11）	1.7747（5）	-2.958（24）	0.3536（8）	0.0702（12）
乌恰县	0.021（9）	5.2092（2）	0.1767（10）	-1.2536（20）	1.6031（2）
喀什市	9.1375（1）	0.2013（7）	1.2011（3）	-0.1068（13）	3.9194（1）
疏附县	-1.0746（15）	-0.4398（10）	0.2331（9）	1.5122（4）	-0.3585（14）

第6章 新疆连片特困区区域自我发展能力的进一步讨论

续表

县市	F1	F2	F3	F4	F
疏勒县	-1.7692 (22)	1.7848 (4)	4.4484 (1)	0.0806 (11)	0.494 (7)
英吉沙县	-1.0122 (14)	-1.3142 (19)	0.6364 (5)	-1.3979 (22)	-0.9357 (18)
泽普县	1.6355 (3)	-0.5472 (11)	-1.4556 (22)	2.4212 (3)	0.5877 (6)
莎车县	0.2216 (7)	-2.6651 (24)	0.3285 (8)	0.2785 (9)	-0.7146 (17)
叶城县	0.1122 (8)	-1.0368 (15)	1.9778 (2)	0.4298 (7)	0.0261 (13)
麦盖提县	0.6509 (5)	-0.5811 (12)	-0.3461 (16)	2.5125 (2)	0.3408 (8)
岳普湖县	-0.4695 (12)	0.8075 (6)	0.4742 (7)	0.9897 (5)	0.2676 (10)
伽师县	-0.6782 (13)	-0.8404 (14)	0.5941 (6)	0.4975 (6)	-0.4096 (15)
巴楚县	0.0197 (10)	-0.1777 (9)	0.0956 (11)	2.7461 (1)	0.3088 (9)
塔什库尔干塔吉克自治县	-1.2000 (17)	6.2747 (1)	-0.2973 (15)	-0.3887 (14)	1.5064 (3)
和田市	3.7781 (2)	-1.1882 (16)	-0.8110 (20)	-2.4878 (24)	0.7113 (4)
和田县	-1.9273 (24)	-1.2909 (18)	0.7087 (4)	-0.6708 (16)	-1.197 (21)
墨玉县	-1.5067 (20)	-2.2321 (23)	-0.9129 (21)	-1.3075 (21)	-1.6411 (24)
皮山县	-1.8157 (23)	-1.3163 (20)	-0.6547 (19)	-0.098 (12)	-1.2743 (23)
洛浦县	-1.6136 (21)	-1.3884 (21)	-0.1978 (12)	-0.6872 (17)	-1.2283 (22)
策勒县	-1.4217 (18)	-1.2353 (17)	-0.6075 (18)	-0.6569 (15)	-1.152 (19)
于田县	-1.4339 (19)	-1.4203 (22)	-0.2351 (13)	-0.848 (19)	-1.1915 (20)
民丰县	0.3877 (6)	2.0700 (3)	-1.627 (23)	0.2456 (10)	0.6526 (5)

注：括号中为得分排名。

3. 新疆连片特困区自我发展能力空间分布

在对新疆连片特困区因子得分及自我发展能力得分进行分析后，运用 ArcGis 将各因子及总得分的空间分布特征表现出来，以更直观地分析新疆连片特困区自我发展能力的空间分布状况。

新疆连片特困区自我发展能力整体较差，呈现出明显的西北强东南弱态势。发展最好的县市有乌恰县、喀什市和塔什库尔干塔吉克自

· 133 ·

治县，全部集中在片区西北部，而整个东南地区发展较差。究其原因，一方面是西北部地区与边境接壤，具有得天独厚的发展优势；另一方面是在喀什经济特区的辐射带动作用下，周边地区自我发展能力也得到显著提升。分地区来看，克孜勒苏柯尔克孜自治州除阿克陶县发展较差，其余县市发展均较好。喀什地区整体发展处于中等水平，但疏附县、伽师县、英吉沙县、莎车县发展较差。和田地区自我发展能力整体较差，除和田市和民丰县处于片区中等水平外，其余县市均位于片区较差水平。

经济、社会发展因子仍然呈现出西北强东南弱态势，但片区大多数地区经济、社会发展因子位于片区较差水平。一方面，片区经济发展一直处于落后水平，在自我发展能力培育过程中，经济发展较差始终是一个重要的制约因素；另一方面，虽然国家扶贫过程中大力投入基础设施建设，但是片区历史欠账严重，交通不便，气候恶劣，也在一定程度上阻碍了社会发展的建设。分地区来看，克孜勒苏柯尔克孜自治州得分中等偏下，阿图什市和乌恰县发展处于片区中等水平，阿合奇县与阿克陶县发展较差。喀什地区，喀什市经济、社会发展位于片区前列，是片区发展最好的地方，巴楚县、麦盖提县、叶城县、泽普县、莎车县发展位于片区中等水平，形成带状发展突出地区，其余地区均位于片区发展较差水平。和田地区发展较差，除和田市与民丰县发展位于中等水平外，其他县均位于较差水平。可以看出，经济、社会发展因子发展较差地区呈片状分布，因此可以采取相关措施，选择重点提升对象，以一个地区自我发展能力的提高带动周边地区自我发展能力的提高，稳步推进发展较好地区的辐射带动作用。

资金效用因子呈西强中东弱态势，片区发展较好区域集中在西北部一角，中东部大片地区发展较差。一方面，这与国家的政策导向密不可分；另一方面，西部地区地处边境，具有对外贸易的先天优势，可以充分利用资金，中东部地区发展落后，气候相对更为恶劣，和田地区更是紧邻沙漠，常年下土，发展以农业为主，也使得资金利用率

第 6 章 新疆连片特困区区域自我发展能力的进一步讨论

低。分地区来看,克孜勒苏柯尔克孜自治州乌恰县发展最好,是片区发展极好的地区之一,阿合奇县与阿克陶县发展中等,而阿图什市发展较差。喀什地区,塔什库尔干塔吉克自治县发展最好,喀什市、疏勒县、岳普湖县发展居于中等水平,其余县均位于片区较差水平。和田地区除民丰县发展居于片区中等水平外,其余县市均位于片区较差水平。

乡村就业因子得分均较高,发展相对较好。首先,务农人员比重并不低,农牧业仍是片区居民赖以生存的主要方式;其次,国家为缓解就业压力采取了诸多措施,如加大对就业人口的技能培训,当地也在积极地引进企业,增加了就业机会,这些因素使得乡村就业情况相对较好。分地区来看,克孜勒苏柯尔克孜自治州整体发展位于中等水平,只有阿合奇县乡村就业因子得分较差。喀什地区,喀什市和叶城县乡村就业因子位于片区较高水平,其余县除泽普县位于片区较差水平外,均位于片区中等水平。和田地区乡村就业因子发展也相对较好,除墨玉县、和田市和民丰县位于片区较差水平外,其余县均位于片区中等水平。可见新疆连片特困区对提升乡村就业能力重视较多,该因子发展水平相对较好且分布均匀。

农村发展因子呈现出中间高两端低的态势,发展较好区域呈片状集中在中部地区。首先,在喀什经济区建立后,其发展水平显著提高,税收增多政府有更多资金投入到建设中,可以大力发展节水农业、现代农业,而且喀什市建设较好,能够吸引并留住专业技术人员。克州与和田地区发展较差,一方面是地理因素,片区人均耕地面积较少,克州与边境接壤,对农业发展支持力度不够,和田地区北部是塔克拉玛干沙漠,气候干旱,也增加了发展农业的难度;另一方面当地地震、大风、干旱等自然灾害频发,水资源稀缺,发展农业难度大,而且受传统观念的影响,务农人员仍占大多数,当地产业发展水平较低,缺乏相关的增收渠道,也使得农民收入普遍较低。分地区来看,克孜勒苏柯尔克孜自治州,阿合奇县农村发展因子得分居于片区中等水平，其余县市均位于片区较差水平。喀什地区，疏附县、巴楚县、麦盖提县和泽普县发展位于片区较高水平，英吉沙县和塔什库尔干塔吉克自治县位于片区较差水平，其余县市位于片区中等水平。和田地区和田县农村发展因子得分位于片区较高水平，皮山县与和田市位于片区中等水平，其余县均位于片区较差水平。

通过上述分析发现，和田地区不论是自我发展能力总得分还是各因子得分，均位于片区较差水平，在以地区为单位培育和提升自我发展能力的过程中，和田地区是整个片区的短板，应高度重视该地区自我发展能力的培育和提升，从而使得片区整体自我发展能力提高。

4. 聚类分析

因子分析法清楚地反映了新疆连片特困区各县市各因子得分和自我发展能力得分及排名情况，但并未根据得分情况对片区 24 个县市进行分类。本节旨在探讨如何提升新疆连片特困区自我发展能力，找出片区自我发展能力发展较好区域和发展较差区域，从而实施精准扶贫。因此，在对原始变量进行因子分析降维之后，利用各县市的因子得分对新疆连片特困区自我发展能力进行层次聚类分析，得到聚类分析树形图（见图 6-2）。

根据新疆连片特困区自我发展能力聚类分析的树形图，可以将片区 24 个县市的自我发展能力分成四类，如表 6-10 所示。喀什市位于第一类，作为我国内陆的第一个经济特区，其在经济、社会发展方面、资金效用方面发展均较好，自我发展能力得分位于片区首位，是整个片区经济发展的重要增长极，对于带动周边地区的发展、为片区自我发展能力培育提供借鉴具有重要意义。疏勒县位于第二类，其在资金效应、乡村就业率和农业发展方面均较突出，是整个片区各因子综合发展第二好的地区，疏勒县耕地平坦连片，大部分耕地耕性良好，而且是新疆主要的粮棉产区和瓜果之乡，在发展好第一产业的同时也在积极进行农业深加工和现代工业的发展，因此疏勒县是片区第

第6章 新疆连片特困区区域自我发展能力的进一步讨论

二发展区。第三类有塔什库尔干塔吉克自治县和乌恰县，这些地区在资金效用方面发展较好，在经济、社会发展方面和农业发展方面相对较差，是片区发展中等地区。塔什库尔干塔吉克自治县和乌恰县具有丰富的矿产资源，为其发展提供了雄厚的资金保障，再加上国家的政策倾斜，使得这些地区资金利用较好，但是塔什库尔干塔吉克自治县和乌恰县耕地较少，而且水源相对稀缺，难以满足农牧业发展的需求，所以其发展位于片区中等水平。其余县市为片区各因子综合发展的第四类地区，包括泽普县、巴楚县、麦盖提县、民丰县、阿合奇县、和田市、阿图什市、莎车县、叶城县、伽师县、岳普湖县、疏附县、和田县、英吉沙县、墨玉县、阿克陶县、皮山县、策勒县、于田县、洛浦县，这些县市各项指标均较低，是自我发展能力极差的区域。可以看出，新疆连片特困区自我发展能力发展较好地区只占极少数，大部分地区自我发展能力较差，在未来的发展中亟须提高。

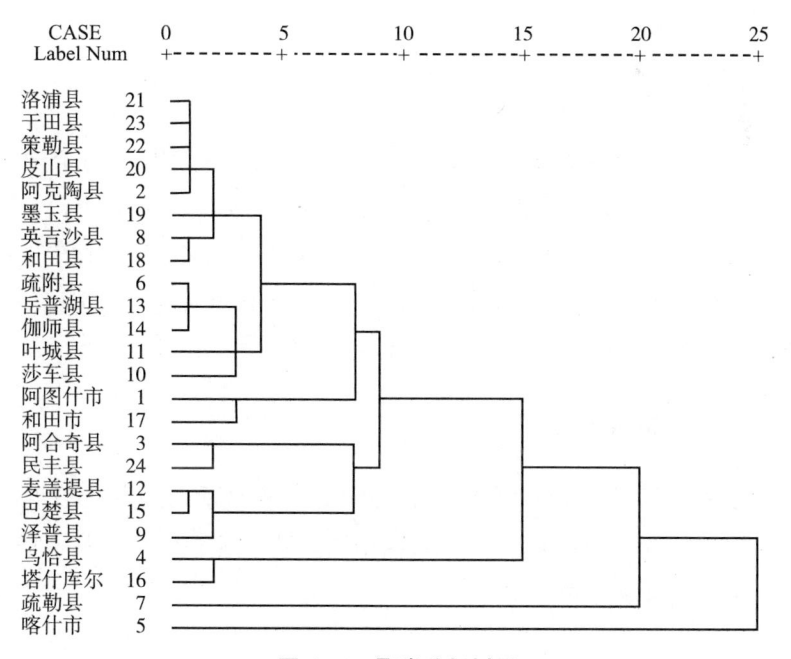

图6-2 聚类分析树形

表 6-10　　　　　　　　　　分类结果

类别	县市
第一类	喀什市
第二类	疏勒县
第三类	塔什库尔干塔吉克自治县、乌恰县
第四类	泽普县、巴楚县、麦盖提县、民丰县、阿合奇县、和田市、阿图什市、莎车县、叶城县、伽师县、岳普湖县、疏附县、和田县、英吉沙县、墨玉县、阿克陶县、皮山县、策勒县、于田县、洛浦县

6.2　新疆连片特困区自我发展能力的比较研究

6.2.1　样本确定和数据来源

1. 样本确定

本章基于宏观视角，将新疆连片特困区自我发展能力与全国 31 个省市及全国平均水平进行比较，采用表 4-1 所述的评价指标体系，运用因子分析法测算上述地区的自我发展能力及排名，以期在宏观视角上更好地把握新疆连片特困区自我发展能力培育过程中的短板，在今后的扶贫工作中进一步做到精准扶贫。

2. 数据来源

本章自我发展能力测算所用数据主要来源于《中国统计年鉴 2014》、各省市 2014 年统计年鉴、《中国县域年鉴 2014》以及中华人民共和国国家统计局等。

第6章 新疆连片特困区区域自我发展能力的进一步讨论

6.2.2 自我发展能力实证研究

1. 因子分析法的适用性分析

本节运用主成分分析法对区域自我发展能力进行因子分析，并测算出全国31个省市、新疆连片特困区及全国平均水平的自我发展能力得分情况，相关处理通过SPSS19.0进行。首先，判断所采用数据是否适合进行因子分析，通过Bartlett球形检验判断原始变量之间是否具有较强的相关性。由表6-11可知，Bartlett球形检验结果显示近似卡方值为772.342，概率值为0，说明单位矩阵与相关系数矩阵差异显著，适于进行因子分析。其次，看KMO值，进行偏相关性检验。偏相关性越强，因子提取效果越好。本模型中，KMO值为0.625，效果较好，认为适用因子分析。

表6-11 　　　　　　　KMO和Bartlett的检验

KMO和Bartlett的检验		
取样足够度的Kaiser–Meyer–Olkin度量		0.625
Bartlett的球形度检验	近似卡方	772.342
	df	120
	Sig.	0.000

2. 因子提取

在对因子分析的可行性进行判断后，根据相关系数矩阵计算出因子特征值、方差贡献率和累积方差贡献率。根据提取因子特征值要大于1的要求，本节运用主成分法提取出4个因子（见表6-12），累积方差贡献率达到81.511%，可见提取的因子保留了原始变量的大部分信息，经过旋转后，这 4 个因子 F1、F2、F3、F4 分别解释了原始变量信息的 51.661%、13.037%、9.682%、7.131%。

表 6–12　　　　　　　　特征值及方差贡献率

成分	初始特征值 合计	初始特征值 方差的%	初始特征值 累积%	提取平方和载入 合计	提取平方和载入 方差的%	提取平方和载入 累积%	旋转平方和载入 合计	旋转平方和载入 方差的%	旋转平方和载入 累积%
1	8.499	53.116	53.116	8.499	53.116	53.116	8.266	51.661	51.661
2	2.109	13.178	66.294	2.109	13.178	66.294	2.086	13.037	64.698
3	1.354	8.459	74.754	1.354	8.459	74.754	1.549	9.682	74.380
4	1.081	6.758	81.511	1.081	6.758	81.511	1.141	7.131	81.511
5	0.977	6.104	87.616						
6	0.871	5.442	93.058						
7	0.418	2.612	95.670						
8	0.341	2.133	97.803						
9	0.147	0.918	98.721						
10	0.072	0.448	99.169						
11	0.059	0.367	99.536						
12	0.036	0.224	99.760						
13	0.018	0.114	99.874						
14	0.015	0.092	99.966						
15	0.004	0.026	99.992						
16	0.001	0.008	100.000						

3. 因子命名

通过 Kaiser 标准化正交旋转法，经过 5 次迭代后，得到旋转后的因子载荷矩阵，如表 6–13 所示。

表 6-13　　　　　　　　旋转后的因子载荷矩阵

项目	F1	F2	F3	F4
人均贷款额	0.965	0.078	0.036	0.049
人均地方财政收入	0.964	0.142	0.025	0.131
农民人均纯收入	0.940	-0.029	0.121	-0.096
人均储蓄额	0.936	0.031	-0.037	0.110
城镇化率	0.934	-0.157	0.203	0.059
人均社会消费品零售额	0.926	-0.049	0.275	-0.043
人均 GDP	0.922	0.028	0.307	0.035
财政自给能力	0.880	-0.331	0.124	-0.161
第二、第三产业比重	0.766	0.134	0.320	-0.063
资金市场化率	-0.664	-0.272	0.419	-0.247
人均地方财政支出	0.266	0.938	0.032	0.159
人均耕地面积	-0.271	0.926	0.053	-0.103
人均固定资产投资额	0.323	0.109	0.701	0.202
乡村人员就业率	0.108	-0.003	0.662	-0.048
每万人口医院卫生院床位数	-0.026	-0.223	0.284	0.803
小学入学率	-0.014	-0.173	0.116	-0.528

因子 F1 的方差贡献率最大，为 51.661%，是最重要的因子，在人均贷款额，人均地方财政收入，农民人均纯收入，人均储蓄额，城镇化率，人均社会消费品零售额上，人均 GDP，财政自给能力，第二、第三产业比重，资金市场化率上有较大的载荷，可命名为经济发展因子。

因子 F2 的方差贡献率为 13.037%，居第 2 位，是次重要因子，在人均地方财政支出、人均耕地面积上有较大载荷，对提升自我发展能力来说具有较大的潜在促进作用，可命名为发展潜力因子。

因子 F3 占较大载荷的是人均固定资产投资额、乡村人员就业率，固定资产投资是经济发展的重要动力，人均固定资产投资额可以反映地区的投资需求，乡村人口是贫困的主体，乡村人口就业率可以充分反映乡村对就业人口的需求和吸纳能力，因此将该因子命名为需求发展因子。

因子 F4 占较大载荷的有每万人口医院、卫生院床位数和小学入学率，是充分衡量一个地区软实力发展情况的重要因素，因此命名为社会发展因子。

4. 计算各因子得分及自我发展能力总得分

计算出 31 个省市、新疆连片特困区和中国平均水平上各因子得分及自我发展能力总得分情况，如表 6-14 所示。

表 6-14　　　　　各因子及自我发展能力得分

地区	F1	F2	F3	F4	总得分
北京	8.4686（1）	0.9108（4）	-0.8525（25）	0.9501（6）	0.0831（6）
天津	5.3266（3）	1.0481（3）	1.5551（4）	-0.4626（23）	-0.0405（23）
河北	-0.843（18）	-0.9133（31）	-0.7132（24）	-0.7822（25）	-0.0684（25）
山西	-0.1522（13）	-0.4266（20）	-0.1466（20）	0.3945（13）	0.0345（13）
内蒙古	0.1859（10）	0.8787（5）	1.1140（7）	0.7567（9）	0.0662（9）
辽宁	1.1532（7）	-0.2789（12）	2.2042（1）	1.5485（2）	0.1355（2）
吉林	-0.8257（17）	-0.3970（19）	0.9361（9）	0.3065（15）	0.0268（15）
黑龙江	-1.4409（22）	-0.6712（25）	0.3978（15）	0.4571（12）	0.0400（12）
上海	8.1556（2）	0.7420（6）	-1.4259（28）	0.4988（11）	0.0436（11）
江苏	2.6192（6）	-0.5863（23）	0.5913（12）	-0.1237（20）	-0.0108（20）
浙江	3.2124（4）	-0.6097（24）	0.2000（16）	-0.9995（29）	-0.0874（29）
安徽	-1.4416（23）	-0.3853（18）	0.5447（14）	-1.0229（30）	-0.0895（30）
福建	0.6768（8）	-0.5222（21）	1.6095（3）	-0.9655（28）	-0.0845（28）
江西	-0.8243（16）	-0.3709（16）	-1.3573（27）	-0.8585（26）	-0.0751（26）
山东	-0.0781（12）	-1.1189（33）	1.6726（2）	-0.0133（19）	-0.0012（19）
河南	-2.1662（30）	-0.958（32）	1.1682（6）	-0.6564（24）	-0.0574（24）
湖北	-1.1281（20）	-0.890（29）	1.3038（5）	0.2408（16）	0.0211（16）

第6章 新疆连片特困区区域自我发展能力的进一步讨论

续表

地区	F1	F2	F3	F4	总得分
湖南	-1.7876 (26)	-0.8517 (28)	0.579 (13)	-0.1881 (21)	-0.0165 (21)
广东	2.7576 (5)	-0.7053 (26)	-1.6155 (29)	-1.8926 (32)	-0.1656 (32)
广西	-2.0547 (29)	-0.5755 (22)	-0.0925 (19)	-0.9576 (26)	-0.0838 (27)
海南	-0.2069 (14)	0.1645 (8)	-2.3975 (33)	-0.4327 (22)	-0.0379 (22)
重庆	0.2451 (9)	-0.2851 (13)	0.1001 (17)	0.7886 (8)	0.0690 (8)
四川	-1.2343 (21)	-0.8944 (30)	-1.0743 (26)	0.9613 (4)	0.0841 (4)
贵州	-1.5868 (25)	-0.2782 (11)	-2.3101 (32)	0.8027 (7)	0.0702 (7)
云南	-1.4968 (24)	-0.2976 (15)	-2.2609 (31)	0.3422 (14)	0.0299 (14)
西藏	-3.0588 (32)	6.9436 (1)	0.0804 (18)	-1.4146 (31)	-0.1238 (31)
陕西	-0.9609 (19)	-0.2888 (14)	0.8578 (10)	0.6649 (10)	0.0582 (10)
甘肃	-2.6141 (31)	-0.1685 (10)	-0.1597 (21)	0.0593 (18)	0.0052 (18)
青海	-1.9900 (28)	2.3488 (2)	1.0138 (8)	1.1977 (3)	0.1048 (3)
宁夏	-0.6570 (15)	0.4874 (7)	-0.5227 (23)	0.9575 (5)	0.0838 (5)
新疆	-1.7922 (27)	0.1560 (9)	-0.1769 (22)	2.6143 (1)	0.2287 (1)
连片特困区	-4.5339 (33)	-0.3770 (17)	-1.6345 (30)	0.0950 (17)	0.0083 (17)
全国平均	0.0732 (11)	-0.8298 (27)	0.8115 (11)	-2.8663 (33)	-0.2508 (33)

注：括号内为得分排名。

通过将新疆连片特困区各因子得分及自我发展能力得分与全国31个省市及全国平均水平进行比较分析，可以找出新疆连片特困区自我发展能力的强弱之处，从而为今后精准扶贫的开展提供明确方向。首先，经济发展因子方面，是新疆连片特困区发展最为薄弱也是今后最应该加强的环节，得分为 -4.5339，远远低于全国平均发展水平 0.0732。通过分析经济发展因子，可以发现，我国经济发展呈现出明显的东中西递减趋势，发展较好的省、市、自治区基本上全部集中于东部地区，高于全国平均水平的有北京、上海、天津、浙江、广

· 143 ·

东、江苏、辽宁、福建、重庆和内蒙古，也进一步证明了我国经济发展不平衡的突出性。

发展潜力因子，新疆连片特困区得分 -0.377，位于片区 17 名，高于全国平均水平 -0.8298，居全国发展中等水平，虽地域广阔，但由于气候恶劣、技术落后等原因，如何将丰厚的发展潜力释放出来是扶贫过程中所面临的艰巨挑战。该因子主要是通过人均地方财政支出和人均耕地面积来衡量，东部地区经济发展较好，但地少人多，而中西部地区则有着先天的地形优势，土地面积广阔，资源丰富，大多数地区仍是传统的地方政府扶持脱贫模式，因此财政支出相对较多，因此该因子得分与经济发展因子有着显著不同，排在前十位的有西藏、青海、天津、北京、内蒙古、上海、宁夏、海南、新疆和甘肃等省、市、自治区。

需求发展因子，经济发展带来需求，需求的增加也会推动经济的发展。新疆连片特困区经济发展水平极其落后，因此投资需求较差，而且乡村劳动力素质较低，难以满足劳动力需求，因此新疆连片特困区需求发展因子得分 -1.6345，位居 30 名，远远低于全国平均水平。在经济新常态的大背景下，中国的经济从高速增长转为中高速增长，因此全国平均水平的需求发展因子得分并不是特别高，而且可以发现，经济发展因子排名较靠前的东部地区尤其是沿海地区需求发展有所降低，而经济发展位于中等水平的部分地区需求则相对较强，如辽宁、山东、福建、天津、湖北、河南、内蒙古、青海、吉林和陕西等省、市、自治区的需求发展因子得分较高。

社会发展因子，随着西部大开发和中部崛起等工程的实施，国家持续加大对中西部地区的扶持力度，并且在教育、医疗方面加大投入，因此，新疆连片特困区社会发展因子发展位于中等水平，得分 0.095，排 17 位，远高于全国平均水平 -2.8663。改革开放以来，中国经济取得了举世瞩目的成就，但中国起步较晚，历史欠账较多，再加上人口众多，因此要想马上解决教育、医疗等问题难度较大，因此全国平均社会发展因子较差。受政策导向，国家对中西部地区社会发展高度重视，因此社会发展因子得分较高的区域主要集中在中西部地区，如新疆、辽宁、青海、四川、宁夏、北京、贵州、重庆、内蒙古、陕西等省、市、自治区。

自我发展能力总得分，可以发现，自我发展能力总得分与社会发展因子总得分排名一致，说明自我发展能力与社会发展因子变化趋势相同，新疆连片特困区自我发展能力得分0.0083，排名17位，而全国平均水平得分只有－0.2508，远低于新疆连片特困区。改革开放以后，中国经济发展过分依靠外部因素，而缺少对自我发展能力的重视，导致自我发展能力得分较低。随着经济的发展，全国自我发展能力得分也存在着中西高东部低的态势，东部地区经济发展在全国遥遥领先，但对自我发展能力的培育和提升投入不够，中西部地区在发展过程中提出要从培育自我发展能力着手，因此其自我发展能力发展相对较好。自我发展能力相对较好的地区大部分集中于中西部地区，有新疆、辽宁、青海、四川、宁夏、北京、贵州、重庆、内蒙古、陕西等省、市、自治区。

6.3 新疆连片特困区自我发展能力提升的制约因素分析

新疆连片特困区自我发展能力整体较差，制约因素多种多样，结合前文对片区自我发展能力的相关研究，深入分析制约新疆连片特困区自我发展能力提升的因素，对于有的放矢地制定自我发展能力提升策略至关重要。

6.3.1 农业发展不足

农业是当地农牧民赖以生存的主要经济来源，农业发展直接关系到当地农牧民的生活水平。农业发展因子是新疆连片特困区自我发展能力提升的主要制约因素，农业发展不足也增加了农牧民的增收难度，从而加剧了当地的贫困。

新疆连片特困区坐落在塔里木盆地上，位于塔克拉玛干沙漠西南端，境内多山地、沙漠戈壁，人畜依水而居，绿洲面积稀少，人均耕地面积远低于新疆平均水平，人均牧草地面积除克州外，也均低于新疆平均水平。片区属于典型的温带大陆性气候，生态环境脆弱，全年干旱少雨，土壤肥力差，品质低，盐碱化严重，年均降水量 40~50 毫米，年均蒸发量却在 2 000 毫米以上，年均沙尘天气约 92 天，境内多地震、大风、冰雹、暴雨、洪水和山体滑坡等自然灾害，受灾面积广、突发性强、破坏力大，进一步阻碍了片区农业的发展。当今社会，经济迅速发展，环境破坏日益严重，沙进人退现象在新疆连片特困区时有发生，随着城镇化进程加快，城市建设也在抢占耕地。新疆连片特困区农民受教育水平低，专业化素养差，无法依据当地土地特点，合理轮作，科学使用土地，对土地的破坏力大。水资源短缺是限制当地农业发展的重要因素，片区县、乡、人之间争水严重，即使发展节水农业，也难以满足当地农业用水的需求。设施农业节水、省地、不受季节限制，是发展农业、脱贫致富的好项目，但是发展设施农业需要专业的农业知识，硬件在对口援疆省份的帮助下可以完成，知识的欠缺是制约其发展的主要因素，而且让农牧民转变生活方式，集中居住，需要时间适应新的生产方式，也加剧了设施农业推广的难度，从而抑制片区现代农业的发展。

6.3.2 市场化程度低

首先，新疆连片特困区农户受教育水平极低，大部分农户市场经济观念淡薄，对市场认识停留在浅薄层次，在生活上认为够吃够用就行，缺乏对积累再生产的思考。虽然各地都有用于交换的市场，但可以发现，在市场上出售的多为一些初级产品，缺乏深加工，无法充分发挥产品价值。在我国全面推进经济市场化的今天，如此落后的思想无疑会阻碍其自我发展能力提升和自身经济的发展。

其次，交通运输难度大，孤岛经济限制市场进一步发展。片区面积广阔，绿洲之间距离遥远，零散分布，增加了运输的难度和成本。片区交通运输业发展落后，南疆铁路是新疆连片特困区的主要铁路干线，该铁路线沿古丝绸之路中段延伸，铁路修建在地质、地貌和气候条件都极其复杂的地区，因此该铁路的修建异常艰难，耗时较长，该铁路已经从喀什市延伸到和田市，但是从阿图什市到乌鲁木齐只有3趟火车，最快要19个小时；从喀什市到乌鲁木齐也只有3趟车，最快要19个小时；从和田市到乌鲁木齐只有1趟车，要29个小时。如此漫长的旅程给人们出行带来极大不便，货物运输更是时间长、保鲜等要求难以保证。和田市和喀什市建有机场，但是运输成本较高。汽车运输时间长，费用高。因此，复杂的地势和处于劣势的区位严重制约着新疆连片特困区交通运输事业的发展，从而使得片区与外界经济往来受阻，难以及时进行市场沟通及交流，也不利于当地企业和产品积极开拓外部市场，从而限制其市场化进程的步伐，进而制约其自我发展能力的提升。

6.3.3 和田地区是片区发展短板

和田地区无论是自我发展能力还是各子能力均是片区发展的短板，因此和田地区落后的发展情况极大地制约了片区自我发展能力的进一步提升。

第一，农业是和田地区的主导产业，但和田地区北邻塔克拉玛干沙漠，多风沙、盐碱、春寒和夏洪等灾害，人均耕地面积少，土地沙化现象严重，当地以农业为生的农户致贫、返贫现象较多。和田地区少数民族众多，维吾尔族占97%，受其民族早婚、早育、多育思想的影响，当地人口众多，加剧了环境和家庭负担。和田地区特困人口占新疆特困人口的53%，贫困人口分布集中，加深了和田地区贫困程度。和田地区虽然以产玉闻名，但是经过多年的大肆采挖，玉石资源所剩不多，在采挖过程中对环境造成极大破坏，修复难度大，更加不利于和田地区的发展。第二，在过去对口援疆和国家扶贫工作的开展中，发展重点及资金投入集中到基础设施建设，和田地区出现路面硬化、房屋宽敞但村民生活并不富裕、房屋内一贫如洗的情况。第三，和田地区在发展过程中，工业基础薄弱、缺少因地制宜的规划，使其发展受挫。和田大枣享誉全国，但仅限于大枣晒干简单销售，缺乏对大枣的深加工和精细加工，使得销外的大枣经济附加值低，难以依靠自身品牌创造更多的经济财富。

6.3.4 经济发展水平低

通过将片区自我发展能力与全国各省市及全国平均水平相比发现，经济发展水平低是制约片区自我发展能力提升的首要因素，而究其原因，主要是由于片区产业结构不合理、工业化发展水平低，从而使得片区经济发展后劲不足。

新疆连片特困区2013年三次产业结构比例为30∶28∶42，第一产业比重较高，第二产业比重较小，第三产业比重虚高。农业作为该区域的主导产业，受传统自给自足、略有盈余的粮食种植观念影响，农牧民竞相发展种植业，而林果业收入远高于种植业，但是发展林果业缺乏相应的技术指导，农民也缺乏发展林果业的意识，使农民增收困难加剧。同时，在东北、沿海地区推行立体养殖并且获得成功的背景下，片区牧民因为观念落后、知识缺乏，仍以单一养殖为主，既破坏了环境，也不利于获得经济效益。片区内农业发展仍处于低级的片面垦殖方式，发展种植业和畜牧业，多采用粗放式的农业生产经营方式，难以抵御自然灾害和风险，发展后劲不足。第二产业发展滞后，工业基础差，面临着"低水平均衡陷阱"的障碍，工业发展缺乏发展较好的龙头企业带头和促进。第三产业虚高，多以批发和零售贸易业、住宿和餐饮业、交通运输、仓储和邮政业、租赁业、居民服务等传统服务业为主，而金融业、保险业、旅游业等现代服务业在第三产业中所占的比重仍较低，第三产业发展处于较低水平，难以满足现代经济发展前提下人们的需求。

6.3.5 有效需求不足

通过对新疆连片特困区需求因子的分析发现，片区需求因子不足主要表现在人均固定资产投资额远低于其他省市和乡村人口就业率偏低。在前文对自我发展能力概念的界定时已经提出，虽然自我发展能力倡导的是自身造血功能，但并不排斥外界输血，因此对发展程度极低的新疆连片特困区来说，人均固定资产投资额无疑是外界输血功能的数字体现，对于片区自我发展能力的培育和提升极其重要。而人均固定资产投资额之所以较低，一方面，新疆经济发展水平在全国来说就较低，片区政府财政收入相对较低，对固定资产投资的预算也相对较低；另一方面，随着前期建设过程中国家和片区政府对基础设施建设的重视，片区基础设施建设取得极大进展，用于固定资产投资的金额也相对减少。片区人口众多，少数民族的生育观使片区生育率居高不下，人口众多也是片区人均固定资产投资额较低的一个重要因素。

片区乡村人口就业率较低，一方面居民增收困难；另一方面会增加社会不安定因素，影响社会稳定。第一，片区经济发展水平较低，工业化进程缓慢，农业为主导产业，无法提供大量的就业岗位，帮助片区居民增收。第二，片区居民文化水平普遍较低，缺乏相应的职业技能，作为少数民族聚居区，相当一部分片区居民不会说汉语，造成岗位需求与人员素质不匹配的问题。第三，片区少数民族人口众多，由于语言、生活饮食习惯、素质能力等原因，当地人口不能像内地其他省市一样通过劳动力转移来解决就业，只能留在当地，也在一定程度上加剧了当地的就业难题。

6.4 本章小结

本章以新疆连片特困区为研究对象，分别对新疆连片特困区区域内县域自我发展能力以及与全国其他地区自我发展能力进行了评价和比较研究，主要得出以下结论：

（1）新疆连片特困区自我发展能力总得分及各因子得分发展态势良好，基本呈逐年上升趋势。经济发展因子和社会发展因子相对较好，农业发展因子和市场化因子发展较差，是片区自我发展能力提升的主要制约因素。2013年新疆连片特困区自我发展能力及各因子得分呈现出明显的西北强东南弱态势，和田地区是整个片区自我发展能力提升的短板。喀什地区无论是自我发展能力总得分还是各因子得分均较好。就四个因子来说，乡村就业因子是片区各县市发展均较好且发展较平衡的一个因子。片区自我发展能力整体较差。通过绘制树形图可以发现，新疆连片特困区自我发展能力喀什市位于第一类，疏勒县位于第二类，塔什库尔干塔吉克自治县与乌恰县位于第三类，其余县市均位于第四类，说明新疆连片特困区自我发展能力整体不高，大部分县市仍处于发展较差的行列。因此，新疆连片特困区自我发展能力亟待提升。

（2）通过将新疆连片特困区自我发展能力与31个省市和全国平均水平相比发现，新疆连片特困区自我发展能力较弱的首先原因在于经济发展因子，片区经济发展相对落后，培育和提升自我发展能力的经济基础薄弱，加大了片区自我发展能力提升的难度。其次与经济发展紧密相关的需求因子发展也较差。而发展潜力因子、社会发展因子

第6章 新疆连片特困区区域自我发展能力的进一步讨论

和自我发展能力总得分发展相对较好,这与国家的政策扶持、片区政府对自我发展能力培育的重视密不可分。

(3)片区区域自我发展能力提升的制约因素主要是农业发展不足、市场化程度低及和田地区发展较差、经济发展水平低和有效需求不足等。

第 7 章

新疆连片特困区少数民族农户自我发展能力提升的对策建议

本部分基于前面研究结果,从制约新疆连片特困区自我发展能力提升的核心要素入手,坚持精准扶贫精准脱贫基本方略,分别从微观、中观和宏观视角提出相应对策建议,旨在帮助新疆连片特困区少数民族贫困农户早日摆脱贫困局面,提升其自我发展能力,稳步推进新疆长期繁荣稳定总目标的实现。

7.1 基于微观视角的自我发展能力提升对策建议

7.1.1 以增加教育和技术培训投入为手段,提升人力资本积累,阻断贫困代际传递

教育改变贫穷,片区劳动力文化程度普遍较低,人力资源匮乏是制约其进一步发展的重要因素,因此大力发展教育,增加职业技术教育投入,以知识谋发展是片区自我发展能力提升过程中的关键环节。

首先,劳动力文化程度低是制约片区发展的重要因素。虽然国家大力普及义务教育,但对已经务工劳作的劳动力来说作用并不大,因

第7章 新疆连片特困区少数民族农户自我发展能力提升的对策建议

此,为切实解决片区劳动力文化程度低的问题,国家和当地政府应积极组织当地农户进行专业技能培训,如务农人员可以定期传授种植技术、病虫害防治技能等,对参与设施农业建设的农民,可以请相关专家向他们介绍大棚的维护、操作以及经济作物的选择等知识,同时,也应该安排相关农业技术人员定期到田间地头对农户进行专业指导。另外,政府也可以与职业技术学校形成合作关系,由这些学校对有需求的农户定期开展职业技能培训,提高农户职业技能,让他们有更多的就业选择,从而推动片区劳动力流动。对于一些想自主创业的农户,可以在乡里设置创业咨询小组,对创业人员进行有针对性的帮扶,助力其成功创业。

其次,应继续大力发展教育,提高人口素质。新疆连片特困区初中入学率远远低于小学入学率,适龄学生辍学、退学现象仍有发生,整个片区平均受教育年限低于7年,高中以上文化人口更是少之又少,可见片区居民文化素养整体偏低,因此应进一步加强片区教育事业的发展,改变居民落后思想观念,让知识改变命运的观念深入人心,教导片区居民不能因小失大,只顾眼前利益让孩子工作而忽略长远发展。另外,应该注重当地职业技术学校的建设和发展。中国农村教育的回报率在0~6%,远低于国际平均水平10.1%,且不说大学生有多少愿意回乡参与建设,单就片区来说,能考上大学的学生也极为有限,而且大学生在学校所学的知识并不能够直接应用于生产,职业技术教育针对性强,文化程度较低的学生也能够快速掌握知识,毕业学生可以直接上手工作,掌握一两门实用性的技术,能对家庭生产经营活动产生积极影响,因此职业技术教育的普及对于促进片区经济转型、提高农民收入具有重要意义。

最后,加强专业人才的培育和引进。人才匮乏是制约新疆连片特困区经济社会发展的重要因素,随着国家对新疆连片特困区发展的注重,基础设施建设显著提高,为吸引人才,当地政府可以制定相关的优惠政策,解决引进人才的住房、家属就业等问题,给其平等的发展机会和发展空间，提高工资和津补贴水平。政府应注重先进科学技术的学习和引进，通过组织专业人才赴外地学习、网络授课、聘请专业人士去片区讲课指导等方式帮助片区居民学习先进的技术和知识，拓宽居民视野，提高其知识储备。

7.1.2 增加农户固定资产给予、耕地供给和农业产量，提高物质资本积累水平

片区生态环境脆弱，可耕地面积有限，贫困户家庭生产性固定资产不足，加之片区农业技术含量不高等众多因素导致片区贫困农户物质资本积累水平不高，严重影响片区贫困农户的可持续脱贫。因此，提高片区贫困农户物质资本积累是改变片区贫困经济社会面貌、改善生态环境和提升其自我发展能力的重要渠道。

首先，增加片区贫困农户物质给予，提升农户物质积累水平，尤其给予贫困农户生产性固定资产支持。为此，政府需要对贫困户急需的生产性资产，通过进一步扩大购机补贴力度，提高农户固定资产拥有量，如拖拉机、播种机等。同时，组织专人负责，加强审计监督，保障专项资金高效实用。对于丧失劳动力的贫困户，除政府兜底保障外，可将其拥有的生产性固定资产等作价入股或通过土地流转等方式保障这些贫困户的基本生活。

其次，持续增强退耕还林补贴力度，以扩大保护林种植为抓手加强生态修复，增加可耕种土地供给。对片区的土壤性质、水资源状况、气候条件等进行调查，通过技术人员的专业性分析，制订切实可行的保护林发展计划，并引导片区居民按要求种植，扩大农田防护林，以此保护现有耕地。同时，对盐碱地进行土壤改良，开垦荒地荒山，增加耕地供给和经济作物种植的土地供应。

最后，片区需增加农业科技投入，转变特困区农牧业发展结构。为此，在转变特困区农牧业发展结构方面：在保障新疆粮食稳定生产

第 7 章 新疆连片特困区少数民族农户自我发展能力提升的对策建议

的基础上,一方面,通过加强特困区农业部门与高校科研机构协作,积极研发能适合片区土壤结构的粮食、林果等新品种,同时改善农产品品质,如推动棉花种植向新疆优质棉生产的转变,并引进新型棉花加工技术,提升棉花附加值,将优质农产品生产和深加工推广结合起来。在提高农业产量方面:一方面,通过引入高产的粮食和其他经济作物品种,同时加强种植结构合理布局,实行差异化种植,避免陷入单一化种植模式;另一方面,引导少数民族农户进行科学化田间管理,组织当地农业部门的农业技师下乡进入田间地头帮助农户科学管理。

7.1.3 以专业性经济合作组织为纽带构建新型社会网络关系,提高社会资本的增收效益

社会网络作为一项软性资本,它是以一种间接的方式影响农户增收。传统的社会网络关系随着市场化改革逐步淡化,而经济生产方法的转变必然催生新型社会关系。以专业性经济合作组织为代表的新型经济组织机构正在通过重构人际沟通和信息传导机制,减少信息不对称和交易成本从而达到增收目的,因而构建这种新型社会网络关系应该成为片区扶贫的目标,也是片区自我发展能力提升的前提。

首先,在片区设置专业性经济作物种植试点,让农户看到科技带来的经济效益,从而主动投入到设施农业的生产中来。同时注重培养片区优势产业、特色产业,打造片区农业发展品牌,对片区种植的优质瓜果,形成产供销一体化的销售渠道,并积极利用互联网新技术,借助互联网销售平台等发展电商、网商等,提高农牧民收入的同时保证产品质量,有利于片区瓜果的对外推广。加强对片区瓜果业的深加工,延长产业链,如制成精美礼盒、饮品,增加其储存时间和附加价值。由当地政府牵头,联合科研机构,或者给予政策优惠积极吸引先

进企业入驻，对片区瓜果进行研究，提取其营养成分做成保健品，提高产品附加值，不仅为农户提供就业岗位，也能够保障其种植收入，从而提高片区居民收入水平。

其次，大力发展片区交通，提高片区交通通达度，发展物流运输业，为片区内专业性经济合作组织产品走出去铺平道路。作为边境区，在完善交通设施后，应逐步加大与其他地区及周边国家的经济往来，抓住丝绸之路经济带建设的历史机遇，以道路联通促经济畅通。积极开拓中亚市场及内地市场，政府对符合规定的当地产业进行资金、政策等方面的扶持，将当地产业做大做强。顺应"互联网+"发展趋势，以互联网的发展推动片区产品走出去，同时在片区设立物流集散中心，方便专业性经济组织的货物运输。

最后，可通过鼓励农户以土地、资产、劳动力或资金入股等方式加入本地区的专业性经济合作组织获取经济收入，减少农户对国家扶持政策的依赖。国家应转变扶贫方式，改变过去输血式扶贫，更加注重片区造血功能，在政策制定时贯彻"授人以鱼不如授人以渔"的理念。由国家和政府对当地发展进行整体规划，成立专业性经济合作组织，同时对农户进行相应的技能培训、特长培养等，减少直接资金扶持，逐步消除农户"等要靠"思想。加强对农户的宣传教育，让他们意识到靠国家扶持仅能解决近期生存问题，并非长远之计，更加不能脱贫致富，要想尽快摆脱贫困，就需要他们积极配合当地政府工作，勇于承担风险，付出努力，用自己的双手去创造财富。政府可以在乡、村张贴宣传标语，定期到村里开展讲座，鼓励大家加入到脱贫致富的队伍中来，同时也可以对村里一些脱贫致富成功的典型进行宣传，以榜样的力量发挥示范作用，激发当地农户脱贫致富的热情，通过发生在他们身边的人物事迹，让他们对政府政策、脱贫项目不再畏惧，增加他们脱贫致富的信心。

第 7 章　新疆连片特困区少数民族农户自我发展能力提升的对策建议

7.2　基于中观视角的自我发展能力提升对策建议

7.2.1　大力发展现代农业，帮助农户增收

新疆连片特困区农村人口众多，大多数农民的主要经济收入来源于传统农业，要想提高农村居民收入，改善其生活水平，为其他各方面发展奠定基础，农业的发展必不可少。

首先，大力发展现代农业，提高土地生产效率。新疆连片特困区多山地、戈壁沙漠，绿洲面积较少，整个片区被分割为 300 多个绿洲，因此，提高土地利用效率、获得最大经济效益是首要考虑的，而大力发展现代农业可以解决该问题。

首先，根据当地气候、土壤等条件制定符合当地特色的发展模式，寻求新的种植模式，小布局，大产业，因地制宜，在发展中注重提高品质、创建品牌、开拓市场、创新管理。当地政府可以组织农民学习先进的农业知识，培育其市场意识，政府予以相应的扶持发展设施农业，新疆连片特困区日照时间长，昼夜温差大，有利于发展设施农业，但在建设温室大棚时要注意根据当地实际情况，尤其要考虑当地的极端恶劣天气，在建设时提高设施的适用性。进行反季节经济作物种植，开拓周边国家市场，将产品输送到周边国家，大力推进农业产业化，建立产、供、销一体的农业合作社，对农产品进行深加工，提高农产品附加值。对南疆地区普遍水资源相对缺乏的问题，积极修建水利设施，大力发展节水农业。还可设立科学研究所或借助外力，研究沙漠、戈壁、荒漠的开发利用价值。

其次，正确的农业发展规划对于促进片区农业发展、帮助农民增收是必不可少的。片区耕地稀少、水资源匮乏，传统的种植业发展经

济效益较低,当地的水土条件也难以满足种植业的进一步发展。片区具有光照、气候等先天优势,极利于发展林果业。一方面,林业发展无须大面积占用耕地,通过推广滴灌技术克服水资源限制,片区气候恶劣,防风林的培育可以显著改善环境,减少风沙灾害,也能够通过栽培一些薪炭林来改善农牧民的生活燃料问题;另一方面,片区日照较长,水果味道极佳,深受人们喜爱,而且林果业经济效益较高,利于农民增收,也有助于片区产业结构的调整。采取农田中套种果树、果树挂果后不种庄稼而改为果木林的方式,以林业发展为方向,可以带动畜牧业、工业加工项目的发展。在南疆加强畜牧业发展,积极改良养殖业,学习沿海城市的先进经验,改变传统单一养殖方式,大力发展立体养殖,对优质农产品进行推销及精包装,向外开拓市场。同时对片区牛羊进行品种改良,由政府补贴引进优质品种,提高牧民收入。在大力发展林果业、畜牧业的基础上,借助这些原料进一步发展生物质能,既为当地农户提供清洁能源,又能够进一步发展生物能源产业链,获得长远经济效益。

7.2.2 提高市场化程度,以交通促发展

为进一步提高新疆连片特困区的市场化程度,应积极对当地农户进行合理引导。加大对当地农户市场观念的传输和普及,让他们加深对市场的认识,在生产生活中注重积累再生产,同时也应该鼓励当地农户合理利用当地集贸市场,将富余农产品以及特色手工艺品等进行市场销售,从而增加收入。进一步开放市场,片区的经济发展应该以市场为主导,严格按照国家规定进行系列改革,从而不断提高当地的市场化程度。

为进一步改善片区交通运输能力,应制定区域交通运输规划,提高当地交通运输能力。国家应对此予以高度关注,加大丝绸之路经济带国内段基础设施建设投入力度,划拨专项资金,修建公路、铁路,

第7章 新疆连片特困区少数民族农户自我发展能力提升的对策建议

改善当地的交通运输环境。同时应根据当地居民的生活条件、经济社会发展情况，将当地的地理条件、自然资源和经济空间布局等情况考虑进去，制定科学合理的交通运输规划图，推进交通主通道联络线、通勤公路、县级断头公路和农村公路的建设。片区各级政府应对现有交通运输量进行合理观测，并科学预测未来交通运输量，在此基础上制定合理的交通网络网，各地区之间要积极沟通，加强协同管理，争取早日实现片区交通一体化。

7.2.3 加大和田地区发展力度

新疆连片特困区自我发展能力相对较差的地区为和田地区。因此，应将和田地区作为发展重点，促进其自我发展能力的提升，从而使片区整体自我发展能力能够均衡、稳步发展。

首先，各级政府应该认识到提升和田地区自我发展能力的重要性，将其作为重点区域进行扶持和培育，加大对该地区政策、资金、技术等各方面的支持和援助。其次，根据和田地区发展实际，制定符合和田地区自身发展的自我发展能力培育规划，引进优质项目，做到项目安排精准。和田地区的石榴、薄皮核桃、甜瓜、管花肉苁蓉系列及和田玉枣是当地的特色农产品，应根据市场需求，进行更深层次的加工，提高产品附加值是接下来发展的重点。在发展特色优势产业时，应该以市场为依托，因和田地区与中亚国家相邻较近，与内地运输难度大、费用高，应将视线投向中亚国家，积极开拓国外市场，以国外市场需求为导向，在政府扶持下将当地特色产业发扬壮大，优先培育特色优势产业，以优先发展的大企业带动中小企业发展。最后，和田地区具有丰富的旅游资源，其独特的大漠风光以及民族文化独具吸引力，具有较多的佛文化遗址和出土文物。为充分利用丰富的旅游资源，应重点发展旅游业，通过旅游业的发展带动当地住宿、餐饮、交通、特产等行业的发展，积极开发具有沙漠特色和民族特色的旅游资源，在旅游业竞争优势提高的同时带动相关产业的发展，有效促进和田地区经济发展和产业结构升级，实现资源优势转化为产业优势。另外，自我发展能力的培育和提升离不开外部因素的扶持，因此，和田地区在整合地区要素谋求经济增长的同时，也应积极吸引外部资金，加大资金使用透明度和监管力度，确保扶贫资金只用在扶贫工作上。

7.3 基于宏观视角的自我发展能力提升对策建议

7.3.1 加大基础设施建设所需人财物的倾斜力度，夯实经济发展物质基础

基础设施是制约连片特困区发展的最大短板，也是提升片区经济发展潜力的最大障碍。连片特困区紧邻多个国家，其中喀什地区更是中巴经济走廊国内段的核心区域。丝绸之路建设中，提升连片特困区基础设施建设水平将扩大片区总需求，推动片区经济增长，化解经济下行压力，同时有利于增加片区贸易总额、化解过剩产能以及推动片区供给侧结构性改革。

首先，对片区基础设施进行全面规划，避免重复建设和低效利用。在片区进行大规模基础设施建设的背景下，全面规划的事前计划性作用显得更为突出，除了降低重复建设的资源浪费，还能保障有限的基础设施投资发挥最大经济效益。为此，片区基础设施建设应该由省一级政府牵头，下辖各政府间参与规划，规划设计单位以及投资方等多机构多部门参加的联合规划委员会组成。

其次，加大政府对片区基础设施投资力度。第一，强化生态基础设施建设，改善片区人居环境，发展生态旅游。生态环境是片区农户

第7章　新疆连片特困区少数民族农户自我发展能力提升的对策建议

生存和发展的基础。省级和中央政府需要重点给予政策和资金支持，片区政府投入资金，重点围绕种植耐盐碱、固风沙和抗旱等属性的植物，改善片区农户生存环境；同时结合当地现有生态资源，打造特色精品旅游路线和品牌，扩大旅游宣传途径和力度。第二，加大片区联通北疆和内地的交通基础设施。一方面，对现有交通设施进行维护和升级改造，提升其服务质量。例如，拓宽道路、沥青路面进行水泥改造、破坏道路进行翻修等提高道路服务年限和质量；另一方面，增加片区出疆和进入北疆的新通道。重点建设以高速公路和高铁为主导，省道和普通铁路为辅的交通网络。对高速公路和高铁实行以为期5~10年的政府阶段性补贴票价，随后回归正常票价的方式降低出行成本，加强片区内外人口流动，引导更多内地和北疆人口进入片区。第三，加强卫生基础设施建设。通过扩大医疗投资政府支出比例，提高一定人口密度的医疗机构比重，引进先进医疗设施，以提升薪酬、住房、教育服务质量为核心的优秀医务工作者招聘力度以及促进对口医疗援疆等多形式的卫生基础设施建设，提高片区卫生医疗服务质量和水平，改善片区农户健康状况。第四，提高片区农业基础设施的政府投资。片区中的喀什、和田以及克州地区自然生态环境脆弱、贫困人口密集分布、经济基础薄弱、农牧业产值占比较大，但是农业基础设施建设滞后的问题较为突出。作为新一轮农牧业援疆的重点区域，应该在项目和资金方面加大片区的支持力度，同时围绕农田水利设施建设为重点、推动核心水利设施和区域性防洪和调水工程加快建设。重点完善水利灌溉设施建设，大力推广节水灌溉设施，修缮和加固现有大中型和重点水库。

最后，创新片区基础设施融资渠道，积极吸引北疆、中东部地区和海外资金。融资是制约片区基础设施建设的难题之一。尽管政府投资占片区基建资金来源的主导，但政府投资尚未发挥的其投资乘数效应，且资金来源单一。为此，积极通过亚投行等国际融资机构引进低息资金，进一步放大新疆作为陆上丝绸之路起点的地理优势和政策优势。充分挖掘引导北疆和中东部社会资本的PPP项目潜力。

7.3.2 加大社会维稳力度，保障经济稳定发展

社会稳定是保障地区经济发展的前提。新疆作为多民族地区之一，复杂的民族结构对维护社会稳定提出更高要求。社会稳定和长治久安是新疆工作总目标。从经济学角度看，维护社会稳定的关键在于提高固定资产投资比例以促进片区经济增长快速速度、严控人口过快增长以提高人口素质和创造更多就业岗位。

在全球经济低迷的背景下，固定资产投资对于促进地区经济的发展具有重要的作用，新疆连片特困区近年来城市建设虽然取得了可喜的成就，但其经济发展仍处于较低水平，而且在社会发展历程中城市建设滞后等遗留问题较多，落后的局面不可能马上改变，具有较大的城市功能完善和提升空间，因此可以投入大量资金促进其城市建设，加速城镇化进程，提高交通通达性，对新疆连片特困区可持续发展、增强城市辐射力等具有重要促进作用。

高速的低质量人口增长是造成片区贫困的主要因素之一，一方面其对生态环境造成巨大压力；另一方面大量消耗现有财富而无法创造更多经济效益。为此，加大对片区居民的宣传教育，以社区、村委会以及政府部门组织优生优育的文艺表演、广告、宣传手册等多形式让他们转变传统生育观，积极响应国家现行的生育政策，严格控制当地人口过快的低质量增长。

为了进一步解决就业，一方面，片区应积极进行产业结构调整，促进经济发展，提供更多就业岗位；另一方面，片区政府应积极吸引企业在当地建厂生产，通过"卫星工厂"等解决部分居民就业。为了解决岗位供需不均衡的现象，可以由政府出面，积极与企业沟通，依据企业岗位需求对当地待业人员进行专业技能培训，定期召开职业培训课程，提高片区居民的就业能力。在片区小学全面开设汉语课

堂，在各个村定期开展汉语普及讲座，试点利用"互联网+同步课堂"等新方式充分利用现有教育资源，力求提高片区汉语普及率。改变片区居民传统观念，组织片区剩余劳动力外出务工解决就业难题，并由政府做好外出就业人员的统计工作，定期对外出务工的居民进行电话访问，帮助他们解决生活、工作中存在的问题，让他们更快适应在外的生活和工作。

7.3.3 培植优势产业，推动经济健康发展

新疆连片特困区资源丰富，在发展过程中应发挥区域比较优势，合理利用各项资源，在比较利益机制作用下，培植当地优势产业使其逐步发展成区域主导产业，并带动其他相关产业发展，促进区域内产业结构优化升级，发展模式迅速转变。

首先，发展区域优势产业，应该以市场为导向，以地区比较优势为依托。新疆连片特困区拥有丰富的矿产、油气资源，与北疆较好的开采条件不同，新疆连片特困区由于气候恶劣、地理环境复杂，运输困难大、距离远、成本高，再加上片区内地方财政实力较弱，人力资源匮乏，缺少专业的技术人员进行矿产、油气资源的勘探与开采，先进的开采设备运输到片区难度大，懂操作的人员少等都导致片区矿产、油气资源的勘探开采工作难以开展。因此国家应将片区矿产、油气资源的勘探和开发工作纳入到国家项目规划中，国家、自治区应注重对片区财政予以相关补贴，设置专项开发资金，加强招商引资力度，大力开展矿产、油气资源的开采工作，将片区资源优势转化为经济效益，而且石油化工等工业产业链长，经济效益丰厚，对于片区扶贫影响巨大。

其次，重视科技创新对培植优势产业的促进作用。创新是一个民族的灵魂，是一个国家兴旺发达的不竭动力。要想提高产业竞争优势，将新疆连片特困区的资源优势转化为产业优势和经济优势，提升

产业自我发展能力，促进产业结构优化升级并促进经济发展，就要增强生产产品的科技含量，增强深加工能力，使产品具有高附加值，不断延伸产业链。一方面，当地应制定优惠政策吸引人才，也应注重对当地人才的培养，为发展新兴产业奠定坚实的人力基础；另一方面，国家应该制定优惠政策，扶持小微企业发展，小微企业是创新的主力军，更是产业转型升级的重要推动力量，因此国家可以对小微企业实行相应的税收优惠、减免政策，多证合一简化办理流程，还可以联合银行给予小微企业贷款优惠政策，集多方之力大力扶持小微企业发展。

最后，在追求经济增长的同时兼顾生态环境的保护。新疆连片特困区是典型的生态脆弱区和贫困区交叠地带，生态环境的恶化不利于人类生存发展与经济增长。近年来，在国家"铁腕"淘汰落后产能的形势下，部分学者担心内地被亮红牌的高排放、高污染项目会借新疆工业化开发之机向新疆转移，而且部分财政吃紧区域，也可能为了GDP的增长而默许这些项目，尤其新疆连片特困区，贫困程度深，贫困范围广，当地财政入不敷出，生态环境先天脆弱，一旦引进污染企业，对生态环境的破坏力极其严重，也难以修复。因此在发展优势产业、引进项目时，应科学理性地评估项目的价值和其可能造成的环境破坏力，对大量开采能源、就地加工的做法必须慎重考虑，将环保效益考虑进去。同时对当地企业加强绿色发展理念的教育，帮助企业进行环保设备的安装，通过对环保企业进行税收减免等优惠政策来促进其投身环保事业，而对于排放污染物、不按规定安装环保设备的企业，也应该加大查处力度，增加违法成本，同时对别的企业起到惩戒作用。

第 8 章

结论与展望

8.1 研究结论

在国家继续深入推进西部大开发战略、新一轮扶贫攻坚重点针对连片特困区的环境背景下,新疆连片特困区迎来了前所未有的发展机遇,如何把握机遇,在国家政策和财政多项支持的同时大力提升其自我发展能力,是该片区亟须解决的重要课题。本书以新疆连片特困区为研究对象,对少数民族农户自我发展能力进行概念界定,并详细梳理了与自我发展能力相关的国内外理论,然后介绍了新疆连片特困区发展的基本情况以及其特殊性,分析新疆连片特困区自我发展能力提升的机遇与挑战,并基于微观视角对新疆连片特困区少数民族农户自我发展能力进行研究,分析影响其自我发展能力提升的因素,并提出自我发展能力提升的对策建议。通过具体的研究,主要得出以下结论。

第一,少数民族自我发展能力得到了较为明显的改善,能力贫困指数由2011年的0.145减小为2012年的0.044。同时,2012年共有多维贫户110户,比前一年373户少了263户,减少了70.5%。另外,多维重度贫困家庭(被剥夺水平不低于50%)由109户减小为

47户，下降了56.9%，而且两年间60%及以上水平上的能力贫困家庭均少于10户，发生率小于1%，而80%被剥夺水平及以上的能力贫困家庭则没有出现，意味着多维重度贫困问题同样得到了较好的缓解。

第二，收入贫困仍然是最关键的指标变量，其对能力贫困的贡献最大，贡献率达到了50%左右，也就意味着解决能力贫困问题的关键还是要首先聚焦到提高农户收入水平上。其次教育和疾病问题也较为突出，对能力贫困的贡献率达到10%左右，成为缓解少数民族农户能力贫困的重要方面。

第三，从动态变化来看，由于能力贫困指数总体减小了，也就意味着各指标对能力贫困的贡献普遍是下降的，只有住房和饮水指标略有上升；贡献率的动态变化中疾病问题下降程度比较明显，降低了14%，收入也下降将近7%，但是同时出现了住房、饮水、教育和就医贡献率较大幅度上升的情况，其他指标的贡献率变动不大。

第四，从能力贫困发生率和能力贫困指数空间差异与动态变化情况来看，克州地区能力贫困问题最为严重，其次为和田地区和喀什地区；各地州能力贫困程度均呈现较快的下降趋势，其中，克州地区下降速度最快，和田地区和喀什地区的能力贫困问题也得到了不同程度的缓解。整体上，到2012年南疆三地州能力贫困地区空间差异相较于2011年已经较大程度的降低，三地州能力贫困发生率均在15%以下，能力贫困指数都在0.1以下，能力贫困的空间分布趋于同一水平。

第五，人力资本中农户家庭每增加一人受过初中以上文化教育，能力贫困发生的概率比就会降低30%；教育费用每增加1 000元支出，能力贫困发生的概率比降低26.8%；家庭中每多一人参加农业技术培训，该户陷入能力贫困的概率比降低10.2%；会汉语人数这个变量虽然没有通过显著性检验，但从系数符号来看少数民族家庭中会汉语人数的增加应该对能力贫困会产生负影响。

物质资本中年末生产性固定资产原值每增加1万元，农户能力贫困发生的概率比就降低12.7%；人均耕地每增加1亩，农户陷入能

第8章 结论与展望

力贫困的概率比就会下降11%；而农业产量增加则会使能力贫困概率比下降28%。

社会资本中包含两个变量，但作用却非常显著。农户家庭中每多一人参加专业性合作经济组织就可使该农户沦为能力贫困的概率比下降64.8%；而该农户家庭中有成员为乡村干部则可使能力贫困发生的概率比下降55.7%；家庭人口的增加却可使农户成为能力贫困户的概率比增加33.6%。

各变量在不同的剥夺水平下的边际影响进一步显示，初中以上受教育人数、农业产量、参加专业性合作经济组织人数、家庭人口数四个变量对所有水平下的能力贫困的边际影响均显著，其中家庭中受教育人数的上升、农业产出水平的提高以及更多人参与专业性合作经济组织均能够缓解能力贫困问题，而家庭人口数量的增多却使得能力贫困问题加剧。其他变量大都对60%剥夺水平以下的能力贫困存在显著影响，对更高维的则变得不显著，而且随着能力贫困程度的加深，各变量的边际影响也在逐渐减弱，这也与实际情况相符，即贫困程度越深，变量的影响就更加微弱，贫困问题将越发难以得到有效解决。

持久性能力贫困面板排序模型回归结果显示，农户家庭成员受教育水平的提高、健康状况的改善以及农业产出水平的增加均对持久性贫困具有负影响，可以有效降低能力贫困发生的概率比，而家庭人口增多却对摆脱持久性能力贫困带来不利影响。农业技术培训变量的回归结果与现实情况有出入，可能的原因是变量的内生性问题所造成的。

显著变量的边际影响进一步显示，总体上对于持久性能力贫困（$y_{last}=2$）各变量的边际影响较弱，其中初中以上教师人数的上升可以使持久性能力贫困下降0.15%，健康人口数的增加可以降低0.05%，产出水平的提高可以降低0.09%，而家庭人口数量的增加却使得持久性能力贫困提高了0.1%。此外，农业技术培训变量影响不显著。

第六，基础设施对能力贫困的影响进行考察。研究显示生态基础设施具有降低能力贫困的作用，而且对降低能力贫困的贡献率呈现倒"U"型。卫生基础设施对降低农户的能力贫困贡献率最大，但是其贡献率会随着贫困程度的加深而逐渐减小。交通基础设施没有达到降低能力贫困的预期。从不同区域来看，基础设施对城市居民降低能力贫困的贡献率大于农村。从不同收入组来看，生态基础设施对降低低收入组能力贫困的贡献率最大，对高收入组的贡献率次之，对中等收入组的贡献率最小；交通基础设施对降低高收入组能力贫困的贡献率最大，对中等收入组的贡献率次之，对低收入组的贡献率最小；卫生基础设施对降低低收入组能力贫困的贡献率最大，对中等收入组次之，对高收入组贡献率最小。

第七，考察了社会治安对能力贫困的影响。研究结果显示：①教育维度对能力贫困指数的贡献率最大，为44.8%，是当前引发能力贫困的最主要因素；②社会治安和能力贫困呈正向变动关系，且随着剥夺水平的提高，社会治安对能力贫困的影响呈现倒"U"型的变动趋势，在40%的剥夺水平下，社会治安对能力贫困农户的减贫效果最大，贡献率达到8.9%，而对低剥夺水平和高剥夺水平下的能力贫困农户减贫的作用有限；③随着农户离县城距离由近及远，社会治安对能力贫困的影响也呈现倒"U"型变化；④社会治安对高收入农户降低能力贫困的效果最大、显著性最强，对中低收入农户降低能力贫困的作用比较弱。

第八，新疆连片特困区自我发展能力总体呈稳步上升趋势，但总体较差，呈西北高东南弱态势。通过因子分析法将自我发展能力分为四个因子，分别命名为经济、社会发展因子、资金效用因子、乡村就业因子和农村发展因子，各因子及自我发展能力总得分除乡村就业因子和农村发展因子相对较好外，其余发展均较差。说明新疆连片特困区自我发展能力仍处于较低水平，且发展不平衡。发展较好地区主要集中在喀什地区，通过聚类分析将新疆连片特困区所辖24个县市分

第 8 章　结论与展望

为四类,除喀什市为第一类,疏勒县为第二类,塔什库尔干塔吉克自治县、乌恰县为第三类,其余县市均位于第四类,也说明了新疆连片特困区自我发展能力总体较差。与 31 个省区市和全国平均水平进行对比发现,新疆连片特困区因对自我发展能力在全国处于中等水平,发展相对较好且发展潜力巨大,在经济发展因子和需求发展因子上相对较弱。

8.2　不足与展望

鉴于已有研究成果相对有限,该研究未能尽善尽美,仍存在以下不足之处,今后需要在这些部分继续深入研究:

(1) 本书在构建评价指标体系时,因考虑到数据的可得性,故评价指标体系并不全面完善,需要深入调研,获得更多的数据,从而丰富评价指标体系,使每个二级指标下包含更多的内容,使评价指标体系更加科学具体。

(2) 对新疆连片特困区自我发展能力培育和提升的建议还不够全面,需要进一步拓宽自己的研究,从整体上对问题予以把握,以提出更具有针对性的政策建议。

参 考 文 献

[1] [印度] 阿玛蒂亚·森. 以自由看待发展 [M]. 北京: 中国人民大学出版社, 2002.

[2] 莫连光, 刘晓凤. 农村基础设施供给结构与农民纯收入的灰色关联分析 [J]. 经济问题, 2008 (6): 80-83.

[3] Jerome, A. Infrastructure, Economic Growth and Poverty Reduction in Africa [J]. Journal of Infrastructure Development, 2011, 3 (2): 127-151.

[4] 康继军, 郭蒙, 傅蕴英. 要想富, 先修路?——交通基础设施建设、交通运输业发展与贫困减少的实证研究 [J]. 经济问题探索, 2014 (9): 41-46.

[5] 高颖, 李善同. 基于 CGE 模型对中国基础设施建设的减贫效应分析 [J]. 数量经济技术经济研究, 2006 (6): 14-24.

[6] 鞠晴江, 庞敏. 基础设施对农村经济发展的作用机制分析 [J]. 经济体制改革, 2005 (4): 89-92.

[7] Sen, A., Development as Freedom [M]. New York: Alfred A. Knopf, Inc, 1999.

[8] 谢静, 张阳生, 雷昉, 黄卓. 经济转型期陕北公路交通与经济发展的关联分析 [J]. 人文地理, 2010 (5): 103-107.

[9] Alkire S., Foster J. Understandings and Misunderstandings of Multidimensional Poverty Measurement [J]. Journal of Economics Inequality, 2011a, 9 (2): 289-314.

参 考 文 献

［10］Alkire S., Foster J. Counting and Multidimensional Poverty Measurement［J］. Journal of Public Economics, 2011b, 95（7）: 476 - 487.

［11］王小林, Alkire S. 中国多维贫困测量: 估计和政策含义［J］. 中国农村经济, 2009（12）: 4 - 10.

［12］Robano V., C. S. Stephen. Multidimensional Targeting and Evalution: A General Framework with an Application to a Poverty Program in Bangladesh［R］. Iza Discussion Paper, 2013.

［13］王春超, 叶琴. 中国农民工多维贫困的演进——基于收入与教育维度的考察［J］. 经济研究, 2014（12）: 159 - 174.

［14］解垩. 公共转移支付与老年人的多维贫困［J］. 中国工业经济, 2015（11）: 32 - 46.

［15］刘林. 边境连片特困区多维贫困测算与空间分布——以南疆三地州为例［J］. 统计与信息论坛, 2016（1）: 106 - 112.

［16］刘生龙, 胡鞍钢. 基础设施的外部性在中国的检验: 1988～2007［J］. 经济研究, 2010（3）: 4 - 15.

［17］叶昌文, 王退见. 交通基础设施、交通运输业与区域经济增长——基于省域数据的空间面板模型研究［J］. 产业经济研究, 2013（2）: 40 - 47.

［18］Gibson, J., Rozelle, S. Poverty and Access to Roads in Papupa New Guinea［J］. Economic Development and Cultural Chang, 2003（52）: 159 - 185.

［19］刘生龙, 周绍杰. 基础设施的可获得性与中国农村居民收入增长——基于静态和动态非平衡面板的回归结果［J］. 中国农村经济, 2011（1）: 27 - 36.

［20］Majumder R. Removing Poverty and Inequality in India: The Role of Infrastructure［R］. Mpra Paper, 2012.

［21］刘晓光, 张勋, 方文全. 基础设施的城乡收入分配效应:

基于劳动力转移的视角 [J]. 世界经济, 2015 (3): 145 – 170.

[22] UNDP. Human Development Report [R]. New York: United Nations Development Program, 2013.

[23] 杨龙, 汪三贵. 贫困地区农户的多维贫困测量与分解——基于2010年中国农村监测的农户数据 [J]. 人口学刊, 2015 (2): 15 – 25.

[24] 张车伟. 营养、健康与效率——来自中国贫困农村的证据 [J]. 经济研究, 2003 (1): 3 – 12.

[25] 许庆, 田士超, 徐志刚, 邵挺. 农地制度、土地细碎化与农民收入不平等 [J]. 经济研究, 2008 (2): 83 – 92.

[26] Sen A. K. Inequality Reexamined [M]. Boston: Harvard University Press, 1992.

[27] Chakravarty Deutsch, Silber. On the Watts Multidimensional Poverty Index and its Decomposition [C]. The Many Dimensions of Poverty International Conference, UNDP International Poverty Centre, August, 2005.

[28] UNDP. Human Development Report 1990 [M]. Oxford: Oxford University Press, 1990.

[29] UNDP. Human Development Report 1997 [M]. Oxford: Oxford University Press, 1997.

[30] UNDP. Human Development Report 2010 [M]. Oxford: Oxford University Press, 2010.

[31] 方迎风. 中国贫困的多维测度 [J]. 当代经济科学, 2012 (4): 7 – 15.

[32] 陈辉, 张全红. 基于 Alkire – Foster 模型的多维贫困测度影响因素敏感性研究——基于粤北山区农村家庭的调查数据 [J]. 数学的实践与认识, 2016 (11).

[33] 罗楚亮. 经济增长、收入差距与农村贫困 [J]. 经济研究,

2012 (2): 15 – 27.

[34] 沈扬扬. 收入增长与不平等对农村贫困的影响——基于不同经济活动类型农户的研究 [J]. 南开经济研究, 2012 (2): 131 – 150.

[35] 高艳云, 马瑜. 多维框架下中国家庭贫困的动态识别 [J]. 统计研究, 2013 (12): 89 – 94.

[36] 高帅. 社会地位、收入与多维贫困的动态演变——基于能力剥夺视角的分析 [J]. 上海财经大学学报, 2015 (3): 32 – 40.

[37] 李佳路. 农户资产贫困分析——以 S 省 30 个国家扶贫开发重点县为例 [J]. 农业技术经济, 2011 (4): 13 – 18.

[38] 曲玮, 涂勤, 牛叔文, 胡苗. 自然地理环境的贫困效应检验——自然地理条件对农村贫困影响的实证分析 [J]. 中国农村经济, 2012 (2): 21 – 34.

[39] 郑长德, 单德朋. 集中连片特困地区多维贫困测度与时空演进 [J]. 南开学报（哲学社会科学版）, 2016 (3): 135 – 146.

[40] Tsui K. Y. Multidimensional Poverty Indices [J]. Social Choice and Welfare, 1993, 19 (1): 69 – 93.

[41] Cheli B, Lemmi A. A Totally Fuzzy and Relative Approach to the Multidimensional Analysis of Poverty [J]. Economic Notes, 1995, 24 (1): 115 – 134.

[42] Chakravarty S. R., Deutsch J., Silber J. On the Watts Multidimensional Poverty Indexand its Decomposition [C]. World Development, 2008, 36 (6): 1067 – 1077.

[43] Alkire S. The Missing Dimensions of Poverty Data: Introduction to the Special Issue [J]. Oxford Development Studies, 2007, 35 (4): 347 – 359.

[44] 张全红, 周强. 多维贫困测量及述评 [J]. 经济与管理, 2014 (1): 24 – 31.

[45] 张全红, 周强, 蒋赟. 中国省份多维贫困的动态测度——以中国健康与营养调查中的9省为例 [J]. 贵州财经大学学报, 2014 (1): 98-105.

[46] 廖娟. 残疾与贫困: 基于收入贫困和多维贫困测量的研究 [J]. 人口与发展, 2015 (1): 68-77.

[47] 高帅, 毕洁颖. 农村人口动态多维贫困: 状态持续与转变 [J]. 中国人口·资源与环境, 2016 (2): 76-83.

[48] 叶静怡, 薄诗雨, 刘丛, 周晔馨. 社会网络层次与农民工工资水平——基于身份定位模型的分析 [J]. 经济评论, 2012 (4): 31-42.

[49] Efron B. Bootstrap Methods: Another Look at the Jackknife [J]. Annals of Statistics, 1979, 7 (1): 1-26.

[50] Cameron A. C., Triedi P. K. Microeconometrics Using Stata, Revised Edition [M]. Stata Press Books, 2010: 4-10.

[51] 高艳云. 中国城乡多维贫困的测度及比较 [J]. 统计研究, 2012 (11): 61-66.

[52] 张全红. 中国多维贫困的动态变化: 1991~2011 [J]. 财经研究, 2015 (4): 31-41.

[53] 程名望, 史清华, Jin Yanhong. 农户收入水平、结构及其影响因素——基于全国农村固定观察点微观数据的实证分析 [J]. 数量经济技术经济研究, 2014 (5): 3-19.

[54] 杜黎明. 在推进主体功能区建设中增强区域可持续发展能力 [J]. 生态经济, 2007 (11): 320-323.

[55] [南非] 汉思·P·宾斯万格尔. 增强农民自我发展的能力 [R]. 第26届 IAAE 国际会议.

[56] 林毅夫, 刘培林. 自生能力和国企改革 [J]. 经济研究, 2001 (9).

[57] 田官平, 张登巧. 增强民族地区自我发展能力的探讨——

兼对湘鄂渝黔边民族地区发展的思考 [J]. 吉首大学学报（社会科学版），2001（2）：7-11，15.

[58] 毛泽东. 毛泽东选集（第1卷）[M]. 北京：人民出版社，1960：301-302.

[59] 鱼小强. 对增强西部地区自我发展能力的思考 [J]. 商洛师范专科学校学报，2002（3）：11-14.

[60] 徐君. 四川民族地区自我发展能力建设问题 [J]. 西南民族大学学报（人文社科版），2003（6）：41-46.

[61] 李盛刚，畅向丽. 西部民族地区农村自我发展问题研究 [J]. 甘肃社会科学，2006（6）：152-154.

[62] 周彦，吴一丁. 新疆区域自我发展能力分析 [J]. 科技信息（学术研究），2007（31）：338-339.

[63] 王科. 中国贫困地区自我发展能力解构与培育——基于主体功能区的新视角 [J]. 甘肃社会科学，2008（3）：100-103.

[64] 赵雪雁，巴建军. 牧民自我发展能力评价与培育——以甘南牧区为例 [J]. 干旱区地理，2009（1）：130-138.

[65] 张佳丽，贺新元. 西藏自我发展能力刍议 [J]. 西藏研究，2010（4）：69-73.

[66] 李慧，鲁茂. 西部地区发展能力不强的多因素分析 [J]. 科学与管理，2008（5）：83-87.

[67] 李娅，赵鑫铖. 东西部对口支援中的能力缺口、援助需求与自我发展能力——以西部边疆五省区为例 [J]. 学术探索，2016（9）：93-99.

[68] 白明. 贵州自我发展能力判断 [A]. 贵州省社会科学界联合会、贵州省科学技术协会、贵州省数量经济学会. 新机遇·新台阶·新跨越——数量经济学视野下贵州自我发展能力回顾与展望：2010年贵州省社会科学年会数量经济学会论文集 [C]. 贵州省社会科学界联合会、贵州省科学技术协会、贵州省数量经济学会，2010：7.

[69] 杨彬. 西北欠发达地区自我发展能力研究 [D]. 兰州: 兰州大学, 2010.

[70] 郑长德. 中国民族地区自我发展能力构建研究 [J]. 民族研究, 2011 (4): 15-24, 107.

[71] 闫磊. 中国西部区域自我发展能力研究 [D]. 兰州: 兰州大学, 2011.

[72] 向焕琦. 基于经济权利禀赋视角的西部地区自我发展能力提升研究 [D]. 重庆: 重庆大学, 2011.

[73] 邵建平, 苏小敏, 张永. 西部自我发展能力提升对策研究——基于比较优势承接东部产业转移的视角 [J]. 科技进步与对策, 2012 (6): 44-47.

[74] 王斌. 西部区域自我发展能力指标体系构建研究 [D]. 兰州: 兰州大学, 2012.

[75] 青雪燕. 自我发展能力的概念研究 [J]. 改革与开放, 2012 (22): 128-129.

[76] 陈作成, 龚新蜀. 西部地区自我发展能力的测度与实证分析 [J]. 西北人口, 2013 (2): 110-115.

[77] 孙根紧, 丁志帆. 落后地区自我发展能力培育的国际经验与启示 [J]. 区域经济评论, 2014 (1): 147-152.

[78] 王蕾, 汪海霞. 基于熵值法的新疆民族地区自我发展能力研究 [J]. 新疆大学学报 (哲学·人文社会科学版), 2014 (2): 7-12.

[79] 张波. 马克思的总体实践观与诸文明的协调发展 [D]. 中共中央党校, 2006.

[80] 朱霞梅. 贫困与反贫困理论视角下高校帮困工作的思考 [J]. 思想理论教育, 2009 (15): 87-91.

[81] 周明海. 农民权利贫困及其治理——基于阿马蒂亚·森"可行能力"视角的分析 [J]. 甘肃理论学刊, 2009 (5): 78-81.

[82] 王朝明. 马克思主义贫困理论的创新与发展 [J]. 当代经

济研究，2008（2）：1-7，73.

[83] 张静. 马尔萨斯的贫困观——评马尔萨斯的《人口原理》[J]. 赤峰学院学报（汉文哲学社会科学版），2010（7）：50-52.

[84] 华茜. 我国经济增长的反贫困效应研究[D]. 北京：首都经济贸易大学，2008.

[85] 汤浅诚. 反贫困：逃出溜滑梯的社会[M]. 台北：早安财经文化有限公司出版社，2010.

[86] 王玉芳，景淑华，官力平. 可持续发展自生能力的培育[J]. 中国林业经济，2007（2）：30-33.

[87] 袁其刚，朱学昌，商辉. 出口、创新影响民营企业自生能力的实证分析——基于融资约束视角[J]. 国际商务（对外经济贸易大学学报），2014（5）：5-14.

[88] 高正平，张兴巍. 社会资本、政府治理与区域企业自生能力——基于我国省际数据的实证研究[J]. 财贸经济，2013（9）：121-129.

[89] 周亚成，兰彩萍. 新疆牧区少数民族自我发展能力浅析[J]. 新疆大学学报（社会科学版），2003（6）：72-75.

[90] 赵建吉，王艳华，苗长虹. 基于资源禀赋、技术学习的企业自生能力构建[J]. 商业研究，2008，No.37911：67-69.

[91] 黄宝玖. 国家能力：涵义、特征与结构分析[J]. 政治学研究，2004（4）：68-77.

[92] 刘婷婷. 从"认知"到"反思"的国家能力分析[J]. 经济社会体制比较，2015，No.17802：114-123.

[93] 王科. 中国贫困地区自我发展能力研究[D]. 兰州大学博士学位论文，2008.

[94] 薛剑符，周雪林. 西藏自我发展能力的逻辑解读[J]. 黑龙江民族丛刊，2014（1）：47-51.

[95] 罗晓梅. 论生存方式的变革与西部自我发展能力的提升

[J]. 探索, 2007 (4): 167-172.

[96] 杨先明, 梁双陆. 东西部能力结构差异与西部的能力建设 [J]. 云南大学学报 (社会科学版), 2007 (2): 70-78, 96.

[97] 李林. 论信息服务与增强西部地区自我发展能力研究 [J]. 安徽农业科学, 2011, 39 (10): 254-255.

[98] 周事泽, 蓝红星. 川西少数民族地区自我发展能力研究 [J]. 安徽农业科学, 2011, 39 (30): 70-72.

[99] 闫磊, 姜安印. 区域自我发展能力的内涵和实现基础——空间管制下区域自我发展能力研究 [J]. 甘肃社会科学, 2011 (2): 213-216.

[100] 傅忠贤. 川陕苏区自我发展能力培育与提升路径 [J]. 四川文理学院学报, 2014 (4): 93-102.

[101] 林勇, 梁超, 陈立泰. 西部地区自我发展能力投入产出效率评价——基于经济权利禀赋视角 [J]. 探索, 2012 (1): 96-103.

[102] 贾金荣. 六盘山连片特困地区自我发展能力研究 [D]. 兰州: 兰州大学, 2013.

[103] 付宝全, 刘宝伟. 新农村建设背景下的村民自我发展能力浅析——对贵阳市息烽县 A 村村民自我发展能力的抽样分析 [C]. "改革开放 30 年与贵州社会发展"学术研讨会暨贵州省社会学学会, 2008.

[104] 姜爱玲. 新疆实现跨越式发展 人力资本是第一推动力 [J]. 财政研究, 2011 (11): 59-64.

[105] 王芳. 援助与增强新疆自我发展能力的辩证思考 [J]. 哈尔滨学院学报, 2012, 33 (6): 37-41.

[106] 蓝红星. 人力资本视阈下西部农村地区自我发展能力的提升 [J]. 经济体制改革, 2008 (2): 156-159.

[107] 杜青林, 窦国林. 青海东部干旱山区扶贫对策研究——基于乐都县李家乡自我发展能力视角的实证分析 [J]. 青海社会科学,

2011（1）：47-50.

[108] 程楠. 新疆自我发展能力评价及提升对策研究 [D]. 新疆：石河子大学，2015.

[109] 冷志明，唐珊. 武陵山片区自我发展能力测算及时空演变分析——基于2005、2008和2011年县级数据的实证 [J]. 地理学报，2014（6）：782-796.

[110] [英] 亚当·斯密著，唐日松译. 国富论 [M]. 北京：华夏出版社，2005.

[111] [英] 迪·派克，安德烈·罗德里格斯·珀斯，约翰·托梅尼著，王雪峰等译. 地方和区域发展 [M]. 上海：上海人民出版社，2011：156-175.

[112] [美] 沃尔特·惠特曼·罗斯托. 经济成长的阶段——非共产党宣言 [M]. 北京：商务印书馆，1962.

[113] [德] 艾伯特·赫尔希曼. 经济发展战略 [M]. 北京：经济科学出版社，1991：161-169.

[114] 高秉雄，胡云. 国家治理能力变量体系研究——基于国家能力变量研究的思考 [J]. 社会主义研究，2017（2）：81-88.

[115] 陈玮，耿曙. 发展型国家的兴与衰：国家能力、产业政策与发展阶段 [J]. 经济社会体制比较，2017（2）：1-13.

[116] 孙鲁云，谭斌. 自我发展能力剥夺视角下贫困地区多维贫困的测度与分析——以新疆和田地区为例 [J]. 干旱区资源与环境，2018，32（2）：23-29.

[117] 王永莉，梁城城. 碳生产力对我国区域自我发展能力影响的实证研究 [J]. 科技管理研究，2016，36（14）：83-88.

[118] 孙根紧. 区域自我发展能力：概念辨析、构成要素与判断标准 [J]. 区域经济评论，2015（2）：42-47.

[119] 徐孝勇，封莎. 中国14个集中连片特困地区自我发展能力测算及时空演变分析 [J]. 经济地理，2017，37（11）：151-160.

[120] 朱建民，施梦. 企业自生能力评价体系的构建与实证研究 [J]. 科技管理研究, 2016, 36 (17): 66-71.

[121] Gray P. Green, Jan L. Florab, Cornelia Florac & Frederick E. Schmidtd. Local Self – Development Strategies: National Survery Results [J]. Community Development Society Journal, 1990, 21 (2): 55-73.

[122] Flora C. B., Flora J. L., Green G. P., Frederick E. S. Rural Economic Development Through Local Self-development Strategies [J]. Agriculture and Human Values, 1991, 8 (3): 19-24.

[123] Hasan H. Confidence in Subjective Evaluation of Human Well – Being in Sen's Capabilities Perspective [J]. Journal of Happiness Studies, 2017 (2): 1-17.

[124] Jan L. Flora, Gray P. Green, Edward A. Gale, Frederick E. Schmidt, Cornelia Butler Flora. Self – Development: A viable Rural Development Option? [J]. Policy Strudies Journal, 1992, 20 (2): 276-288.

[125] Jeff S. Sharpa, Jan L. Flora. Entrepreneurial Social Infrastructure and Growth Machine Characteristics Associated with Industrial – Recruitment and Self – Development Strategies in Nonmetropolitan Communities [J]. Community Development Society Journal, 1999, 30 (2): 131-153.

[126] Jeff S. Sharp, Kerry Agnitsch, Vern Ryan, Jan Flora. Social Infrastructure and Community Economic Development Strategies: The Case of Self-development and Industrial Recruitment in Rural Lowa [J]. Journal of Rural Studies, 2002 (18): 405-417.

[127] Mok K., Jeong W. Revising Amartya Sen's capability approach to education for ethical development [J]. Asia Pacific Education Review, 2016, 17 (3): 501-510.

[128] Mitchell. S. New Rules For the New Localism: Favoring Com-

munities, Deterring Corporate Chains [J]. Multinational Monitor, 2002, 23 (10-11): 1-10.

[129] Pugno M. Scitovsky Meets Sen: Endogenising the Dynamics of Capability [J]. Cambridge Journal of Economics, 2016 (41): 1177-1196.

[130] Toni Saarivirta. In Search of Self-Renewal Capacity—Defining Concept and its Theoretical Framework. University of Tampere Research Unit for Urban and Regional Development Studies [R]. SENTE Working Papers, 2007 (10): 1-11.

[131] Arrow, Kenneth J. The Economic Implications of Learning by Doing [J]. Review of Economic Studies, 1962 (29): 156-172.

[132] Barro, Robert J. Economic Growth in a Cross Section of Countries [J]. Quarterly Journal of Economics, 1999, 106 (2) 407-443.

[133] Kueh, Y. Y. Foreign Investement and Economic Change in China [J]. The China Quarteerly, 1992: 73-781.

[134] Massey, D. Spatial Divisions of Labour: Social Structure and the Geography of Production, London: Macmillan, 1995.

[135] Simmie J. Innovation and urban regions as national and international nodes for the transfer and sharing if knowledge [J]. Reg Stud, 2003 (6): 7-20.